Ute und Peter Freier
Wanderungen in der Toskana

Kultur zu Fuß

Ute und Peter Freier

Wanderungen in der Toskana

45 Farbabbildungen,
30 Tourenkarten
und eine Übersichtskarte

Kultur zu Fuß

STEIGER
VERLAG

Die Autoren:
Ute und Peter Freier sind seit vielen Jahren als Autoren von Wanderführern tätig und haben knapp 20 Bände veröffentlicht. Zu den von ihnen bevorzugten Wanderregionen gehört Italien. Die Toskana haben sie in den letzten Monaten für dieses Buch eingehend erkundet. Alle Touren dieses Bands sind aktuell recherchiert und fotografiert.

Die Deutsche Bibliothek – CIP-Einheitsaufnahme
Wanderungen in der Toskana / Ute und Peter Freier. –
Augsburg : Steiger, 1996
  (Kultur zu Fuss)

ISBN 3-89652-016-4
NE: Freier, Ute; Freier, Peter

Alle Informationen und Hinweise ohne jede Gewähr und Haftung.

Es ist nicht gestattet, Abbildungen dieses Buchs zu scannen, in PC's oder auf CD's zu speichern. Ebenso unzulässig ist die Veränderung oder Manipulation in PC's/Computern, es sei denn mit schriftlicher Genehmigung des Verlags.

Gedruckt auf chlorfrei gebleichtem Papier.

Steiger Verlag
© 1996 Weltbild Verlag GmbH, Augsburg
Alle Rechte vorbehalten
Kartenskizzen: Ingenieurbüro für Kartographie Heidi Schmalfuß, München
Umschlaggestaltung und Layoutentwurf: Steinkämper Grafikdesign, Igling
Satz und Layout: gesetzt aus 9/10 pt Rotis Sans Serif von BuchHaus Gigler GmbH, ProduktionsService für Verlage, München
Reproduktion: Colorline Scarl, Verona
Druck und Bindung: Holzer in Weiler
Einbandvorderseite: Landschaft bei Pienza (IFA-Bilderteam, München / Foto: Siebig); Kleinformatiges Motiv auf der Einbandvorderseite: Der schiefe Turm von Pisa (Tony Stone Bilderwelten / Foto: Sarah Stone), Einbandrückseite: Blick auf Florenz mit Palazzo Vecchio und Dom (Tony Stone Bilderwelten / Foto: Doug Armand); S.1.: Typisches Haus in der Toskana; S.2/3: Le Crete

Printed in Germany

ISBN 3-89652-016-4

Inhaltsverzeichnis

Einleitung	7
1 Oberhalb von Florenz	16
2 Nördlich von Florenz	21
3 Von Florenz nach Süden	26
4 Zwischen Arno und Ombrone	29
5 Monte Albano	32
6 Oberhalb des Tals Valdinievole	35
7 Von Péscia nach Collodi	38
8 Durch die Stadt Lucca	42
9 Im oberen Arnotal	46
10 Stadtrundgang in Arezzo	49
11 Im Val di Greve	52
12 Um San Gimignano	56
13 Weinstraße La Chiantigiana	60
14 Im Weinanbaugebiet des Chianti Classico	64
15 Inmitten der Monti del Chianti	68
16 Um das Castello di Brólio	72
17 Stadtrundgang durch Siena	75
18 Monte Oliveto Maggiore	80
19 Montepulciano	83
20 Pienza und Monticchiello	86
21 Zur Abtei Sant' Antimo	90
22 Im Tal des Flusses Merse	93
23 Hügelland Maremma Pisana	97
24 Am Golf von Baratti	100
25 Zur Nekropole von Vetulónia	103
26 Sovana: Etruskische Nekropole	107
27 Über dem Tyrrhenischen Meer	111
28 Im Zentrum der Insel Elba	114
29 Im Westen Elbas	117
30 Oberhalb des Golfo di Campo	120
Reiseinformationen	123

Einleitung

■ Landschaftsstruktur

Sanfte grüne Hügel, am Horizont Zypressenreihen, die zu einem einsam gelegenen Landgut führen – das ist das Bild, das der Name »Toskana« bei vielen heraufbeschwört. Doch die Toskana hat viele Gesichter.

Steil und unwegsam sind die Ausläufer des bis zu 2000 m hohen Gebirgszuges Appennino Tosco Emiliano, der die Toskana in einem weiten Bogen im Osten umrahmt. Flach und dicht besiedelt ist die Ebene des Arno, der vom Apennin dem Meer zufließt. Hier liegen die meisten der großen und kulturell bedeutenden Städte: Florenz, mit 450000 Einwohnern bei weitem die größte Stadt und Sitz der Verwaltung der Region Toskana, sowie Prato, Pistoia, Lucca, Pisa.

Weitere größere Städte finden sich nur noch entlang der Küste: Massa und Carrara im Norden in der Landschaft Versilia; Livorno und Viareggio an den Sandstränden in der Mündungsebene des Arno; Piombino und Grosseto im Süden in der fruchtbaren Maremma.

Kaum höher als 500 m und von zahlreichen Wasserläufen durchzogen ist das Hügelland zwischen der Küstenebene und dem Apennin. Dementsprechend dünn ist die Besiedlung. Nur Siena und Arezzo kann man als größere Städte bezeichnen. Häufiger sind Kleinstädte und Bergdörfer. Abwechslungsreich ist die Landschaft: weite Weinfelder, burgartige Landgüter, Olivenhaine, Wälder mit Steineichen und Eßkastanien, immergrüne Macchia. Weit weniger fruchtbar und seltsam leer sind die sanften Hügel südöstlich von Siena, die Crete. Bedingt durch die Bodenbeschaffenheit (Kreide), sind sie stark erosionsgefährdet und nur als Schafweide geeignet.

Nur wenige Höhenrücken ragen über das Hügelland hinaus: das dicht bewaldete Pratomagno, am Rand des Apennin gelegen, mit Höhen über 1000 m; die bis zu 1059 m ansteigenden, stark zertalten Colline Metallifere, deren erzhaltiges Gestein bereits seit dem Altertum abgebaut wird; der Monte Pisano in der Arno-Ebene, an dessen Abhängen Wein angebaut wird, und das klassische Weinbaugebiet, die Monti del Chianti. Alles überragend ist jedoch der Monte Amiata, mit 1738 m die höchste Erhebung der Toskana, ein erloschener Vulkan.

Ganz anders als die nur 10 km entfernte Insel Elba, die größte der insgesamt sieben Inseln des Toskanischen Archipels. Abrupt steigen die bewaldeten Berge von der felsigen Küste an zu Höhen über 1000 m, bieten von oben faszinierende Ausblicke auf einladende Buchten mit klarem Wasser, auf Landgüter, eingebettet in Gärten, auf winzige Bergdörfer im Immergrün der Macchia.

■ Wanderwegenetz

Der italienische Wanderverein, der Club Alpino Italiano (CAI), beschränkt seine Aktivitäten auf die gebirgigen Gegenden. In der Toskana sind das die Hügelrücken Monte Albano, Monti del Chianti, Monte Amiata, die Ausläufer des Apennin und Elba. Dort sind Wanderwege, häufig alte Verbindungswege, mit dem rot-weißen Querbalken markiert. Doch in einigen der kulturell interessanten Gebiete, vor allem im Süden der Toskana, sucht man Markierungen und alte Wege vergebens. So war es nicht zu vermeiden, daß Touren teilweise oder ausschließlich auf Asphalt verlaufen, was aber durchaus auch seinen Reiz hat. Wer mehrtägige alpine Touren vorzieht, erhält Auskunft bei CAI, Via del Proconsolo 10, Florenz.

■ Anforderungen an den Wanderer

Kulturelle Sehenswürdigkeiten – malerische Dörfer, Kirchen, Etruskergräber – sind Zielpunkte dieser Wanderungen. Das bedeutet, daß man nicht im gänzlich einsamen Bergland, sondern im dünn besiedelten Hügelland und in den Städten unterwegs ist. Große Höhenunterschiede müssen dadurch nicht bewältigt werden, da die Touren zwischen 200 und 600 m Höhe verlaufen. Da genügend Zeit bleiben soll

Einzelgehöfte, Zypressenreihen, sanfte Hügel - ein Landschaftsbild, das typisch ist für die Gegend südlich von Siena.

für Besichtigungen und Pausen in einem an der Strecke gelegenen Restaurant, sind die Touren auch nicht übermäßig lang – zwischen 2 und 5 Stunden Gehzeit. So kann jeder, der einigermaßen gut zu Fuß ist, die Touren bewältigen und benötigt dazu keine besondere Ausrüstung – bequemes Schuhwerk ausgenommen.

■ Wandern zu jeder Jahreszeit

Frühjahr und Herbst sind zweifellos die klassischen Jahreszeiten für einen Besuch der Toskana. Zahlreiche Touristen sind dann allerdings in den Städten unterwegs, Hotels und oft selbst Jugendherbergen (JH) restlos ausgebucht. Für Wanderungen außerhalb der Stadtgebiete und für Elba sind diese beiden Jahreszeiten jedoch ideal. Schon ab Mitte/Ende Februar können die ersten Touren gewagt werden, auch wenn das Wetter noch veränderlich ist. Die Temperaturen, obwohl noch niedrig, sind schon angenehm zum Wandern, und ab März beginnt es überall zu blühen. Im Herbst, wenn sich das Laub der Weinstöcke verfärbt, ermöglichen noch immer angenehme Temperaturen herrliche Wanderungen.

Nur bedingt zum »Kulturwandern« geeignet ist der Sommer, da die hier vorgestellten Wanderungen nicht im windumwehten Gebirge, sondern im Hügelland unweit der Siedlungen verlaufen und häufig schattenlos sind. Auch in den Städten ist es dann heiß oder schwül, vor allem in Florenz, und es ist besser, im Juli und August den Städten fernzubleiben.

Für Städtetouren durchaus geeignet ist der Winter, da weder die Hotels noch die Museen, obwohl deren Öffnungszeiten zwischen Anfang November und Mitte März eingeschränkt sind, durchgehend geschlossen sind. Nicht zu empfehlen in dieser Jahreszeit sind die Wanderungen, die in etwas höher gelegenes Gelände führen, denn im Januar, dem kältesten Monat, ist dort überall mit Schnee zu rechnen.

■ Exkurs in die Geschichte

Die Zeit der Etrusker
Aus Kleinasien, so wird vermutet, wanderten ab dem 9./8. Jh. v. Chr. die Etrusker in die heutige Toskana ein, gründeten Siedlungen, die sie aus strategischen Gründen auf Bergspornen oder -absätzen anlegten und zusätzlich durch Mauern aus groben Steinblöcken sicherten. Zwölf der mächtigsten Städte schlossen sich zu einem Städtebund zusammen: Etruria Propria. Einige dieser Städte wuchsen zu auch heute noch wichtigen Zentren heran wie Arezzo, Cortona und Lucca, andere aber gerieten in Vergessenheit, sind heute verträumte Bergne-

Die hier beschriebenen Wanderungen führen vorwiegend durch dünn besiedeltes Hügelland und verlaufen häufig auf alten Wegen (Tour 2).

ster wie Vetulónia (Tour 25), Populónia (Tour 24), Sovana (Tour 26) oder sind gar bis auf die Grundmauern verschwunden wie Roselle.

Die Etrusker, ein hochzivilisiertes Volk, verhütteten Kupfer- und Eisenerz, trieben Handel mit Griechenland, legten Straßen und Kanäle an. Schriftliche Zeugnisse sind nur wenige erhalten, dafür um so mehr eindrucksvolle Zeichen ihres ausgeprägten Totenkults: kunstvolle Ascheurnen (große Sammlung im Guarnacci Museum in Volterra) und ausgedehnte Nekropolen. In diesen Totenstädten, die außerhalb der Siedlungen lagen, setzten sie ihren Toten Denkmäler in Form von Grabkammern, die von riesigen Hügeln bedeckt waren, in Form kleiner Steinhäuschen wie in Populónia (Tour 24), in Form von aus dem Fels gehauenen Tempeln wie bei Sovana (Tour 26). Viele der Fundstücke finden sich heute im Archäologischen Museum in Florenz.

Die Zeit der Römer

Die systematische Eroberung Etruriens durch die Römer begann im 4. Jh. v. Chr. Trotz heftigen Widerstands zerstörten die Römer nach und nach die etruskischen Siedlungen, besetzten das Land und erbauten auf den Fundamenten eigene Siedlungen. Sie legten Straßen an, kolonisierten das Land mit neuen Siedlungen wie Saturnia und Cosa

(Tour 27), führten Olivenbäume, den Weinanbau und Zypressen ein. Allmählich ging die etruskische Bevölkerung in der römischen auf, und bis zum 1. Jh. v. Chr. war das gesamte etruskische Territorium römisch.

10.–13. Jahrhundert

Oberitalien, das aufgeteilt war in zahlreiche Stadtrepubliken und Fürstentümer, stand unter der Herrschaft der deutschen Kaiser. Die Päpste versuchten jedoch, von Rom aus ihren Einflußbereich auszudehnen. So kam es zu ständigen Interessenskonflikten zwischen den Päpsten und den Kaisern.

Die Städte und Fürsten sahen sich gezwungen, je nach eigenen Interessen Partei zu ergreifen: sympathisierten sie mit dem deutschen Kaiser, waren sie Ghibellinen (der Name wurde von der Stauferburg Waiblingen in Südwestdeutschland abgeleitet). Wollten sie keine Bevormundung, dann waren sie Anhänger der papsttreuen Guelfen (Welfen).

Florenz z. B. war guelfisch, Siena ghibellinisch. Über Jahrhunderte hinweg kam es hauptsächlich zwischen diesen beiden Stadtrepubliken, die ständig versuchten, ihren Herrschaftsbereich zu erweitern, zu militärischen Auseinandersetzungen.

14.–18. Jahrhundert

Um die Wende vom 13. zum 14. Jh. begannen wohlhabende Familien, die bisherigen Stadtrepubliken allein zu beherrschen und andere Städte zu unterwerfen. Florenz tat sich dabei besonders hervor.

Dort begann um 1434 die Herrschaft der Medici, einer durch Bankgeschäfte reich gewordenen Familie. Über Jahrhunderte fiel die Region mehr und mehr in ihre Hände, so daß im Jahr 1569 die bisherigen Herzöge von Florenz zu Großherzögen der Toskana wurden. Als zu Beginn des 18. Jh. der Großherzog starb, ohne einen Erben zu hinterlassen, fiel das Großherzogtum an das Haus Lothringen.

Die Zeit der Medici-Herrschaft ist diejenige Epoche, die auch heute noch das Bild der Städte bestimmt und in der weltberühmte Kunstwerke entstanden, die heute die Museen der Toskana füllen: die

Kunstwerke aus der Renaissance, wie die Davidstatue von Michelangelo, prägen den Charakter der toskanischen Städte.

Renaissance. »Rinascità« heißt Wiedergeburt, und wiedergeboren wurde der Geist der Antike. In dieser Rückbesinnung nahmen sich die Humanisten und Literaten Dante, Petrarca und Boccaccio die antike Literatur, die Architekten und Baumeister die gewaltigen antiken Bauten zum Vorbild.

Noch einschneidendere Veränderungen fanden in der Malerei statt. Der Themenkreis, im Mittelalter auf christliche Darstellungen beschränkt, wurde auf weltliche ausgeweitet, die perspektivische Darstellung angewandt. Um die Mitte des 15. Jh. entfalteten sich bedeutende Künstler wie Sandro Botticelli, Fra Filippo Lippi und Domenico Ghirlandaio zu Vertretern der Frührenaissance. Meister der Hochrenaissance sind das Universalgenie Leonardo da Vinci und der Maler und Bildhauer Michelangelo Buonarotti.

■ Kulturelle Sehenswürdigkeiten

Der besondere Reiz der Toskana, das sind die Städte, die mit ihren wehrhaften Türmen, massigen Palästen und beeindruckenden Plätzen, den Piazzas, so ganz anders aussehen als Städte in Mitteleuropa.

Diese Architektur ist direkter Ausdruck der jeweiligen geschichtlichen Situation. So führten im Mittelalter die ständigen Streitigkeiten zwischen den Städten zum Bau von Stadtmauern, die Machtkämpfe zwischen den vermögenden Familien innerhalb der Städte bis ins 13. Jh. zum Bau von hohen Wohntürmen. In San Gimignano (Tour 12) sind noch 13 der einst rund 70 erhalten.

Etwa ab 1300, nachdem die Zeiten etwas sicherer geworden waren, entwickelte sich der Wunsch nach mehr Komfort, der zum Bau der Paläste (Palazzi) führte: massige Patrizierhäuser mit festungsartigen Fassaden, aber kostbar ausgestatteten Innenräumen. Als Palazzo del Podestà – heute zu erkennen an den zahlreichen Wappen an der Hausfront – wurde der Palast bezeichnet, in dem das Stadtoberhaupt wohnte. Der »Podestà«, jeweils nur für ein Jahr ernannt, hatte die schwierige Aufgabe, die miteinander in Streit liegenden Parteien in einer Stadt zu kontrollieren.

Die größten Paläste umstehen die wichtigste Piazza der Stadt. Hier fanden im 15./16. Jh. Versammlungen, Feste, Schauspiele statt, wurde unter der Loggia Markt abgehalten. Besonders eindrucksvoll sind die Piazza del Campo in Siena (Tour 17), die Piazza Grande in Arezzo (Tour 10), die Piazza Pio II. in Pienza (Tour 20), die Piazza della Signoria in Florenz.

Auf dem Land, vor allem im Chianti-Gebiet, beeindrucken vor allem die auf Bergkuppen sitzenden, von Mauern und Türmen umgebenen Dörfer. Ständige kriegerische Auseinandersetzungen zwischen den

Kulturelle Sehenswürdigkeiten

Auf Elba, der größten der sieben Inseln des Toskanischen Archipels, begeistern Hafenorte wie Portoferraio.

Städten machten ab dem 11. Jh. den Bau dieser »Borgos« notwendig. Hier lebte der Feudalherr gemeinsam mit seinen Untertanen innerhalb desselben schützenden Mauerrings. Viele dieser befestigten Dörfer sind bis heute bewohnt, und ein Gang durch die engen, verwinkelten Gassen ist von besonderem Reiz, wie beispielsweise in Collodi (Tour 7) und Panzano (Tour 13).

Was außerhalb der Dörfer häufig nach kleinen Festungen aussieht, sind einsam gelegene Landgüter, die zu Beginn des 12. Jh. entstanden. Damals zogen reich gewordene Bauern in die Städte und überließen die Arbeit auf dem Land sogenannten Halbpächtern: Dies bedeutete, der Grundbesitzer stellte Ackerland, Haus und Tiere, der Pächter mit Familie die Arbeitskraft, und die Einnahmen wurden geteilt. Die Pächter wohnten auf dem Anwesen in einfachen Häusern, für den Grundbesitzer wurde ein wehrhaftes Turmhaus als Feriendomizil errichtet. Doch gegen Ende des 13. Jh. setzte sich der Wunsch nach komfortableren Gebäuden durch, im 14. Jh. entstanden herrschaftliche Villen.

Ab dem 15. Jh. setzte eine andere Bewegung ein: Die wohlhabenden städtischen Familien, die bisher in ihren Palästen in den engen Gassen der Städte lebten, zogen aufs Land. Angeregt hatte diesen Wohnungswechsel der Universalgelehrte der Frührenaissance, Alberti, der forderte, daß ein Haus an einem hellen, luftigen Platz errichtet werden sollte, von dem aus die Landschaft überblickt werden konnte. Und so entstanden herrlichen Villen und Gärten, besonders die der Familie Medici. Epochemachendes Bauwerk war deren erste Villa in Fiesole (Tour 2), weitere folgten u. a. in Artimino (Tour 4). Die Villen wurden zu Treffpunkten für Philosophen, Literaten und Künstler.

Auch auf dem Gebiet der sakralen Bauwerke hat die Toskana einiges zu bieten: Um 1000 entstanden eindrucksvolle romanische Kirchen wie das Baptisterium und San Miniato al Monte (Tour 1) in Florenz, San

Frediano in Lucca (Tour 8), der Dom in Pisa. Bei der Gestaltung der Fassade wurde eine neuartige Technik verwendet, die sogenannte Inkrustationstechnik. Dünne Marmorplatten in verschiedenen Farben wurden auf die Mauer aufgeklebt.

Die auf dem Land erbauten Kirchen, die sogenannten »Pievi«, waren wesentlich schlichter, so z. B. die Pieve San Leolino bei Panzano (Tour 13). Nur die Kirchen der Benediktinerklöster waren ausgestattet mit kunstvollen Skulpturen und Kapitellen wie Sant` Antimo (Tour 21), das als Höhepunkt der italienischen Romanik gilt.

Die im 14./15. Jh. entstandenen Kirchen wurden mit einer Schaufassade versehen und mit Fresken – auf frischen Putz gemalte Wandbilder –, Sängerkanzeln und »Terrakotten« ausgestattet. Die bekanntesten dieser aus Ton modellierten, bunt glasierten Reliefs stammen aus der Werkstatt della Robbia.

■ Kulturelle Veranstaltungen

Während des Sommers wird in der Toskana gern gefeiert: auf den Dörfern sind es Feste (Sagra) zu Ehren eines Schutzheiligen oder zur Erinnerung an ein geschichtliches Ereignis, immer verbunden mit lukullischen Angeboten. In den Städten sind es Turniere, Umzüge und Wettkämpfe in historischen Kostümen.

Die bekanntesten Veranstaltungen:
- **Arezzo:** Giostra del Saraceno auf der Piazza Grande am ersten Septembersonntag; Reiterturnier.
- **Florenz:** Calcio am 24. Juni, ein Ballspiel in historischen Kostümen auf der Piazza Santa Croce.
- **Lucca:** Am 13. September wird die Christusfigur Santa Volta bei einer Prozession durch die Straßen getragen (Luminaria di Santa Croce).
- **Montalcino:** An mittelalterliche Jagdgebräuche erinnern das Turnier zur Eröffnung der Jagdsaison am 2. Augustsonntag und das Drosselfest, Sagra del tordo, am letzten Sonntag im Oktober mit historischem Umzug, Bogenschützen- wettbewerb und großem kulinarischen Angebot.
- **Pisa:** Mitte Juni historische Ruderregatta auf dem Arno (Regata Storica di San Ranieri); am letzten Junisonntag ein Brückenfest (Gioco del Ponte).
- **Pistoia:** Am 25. Juli streiten sich beim Giostra dell'Orso mehrere Reiter um eine Bärentrophäe.
- **Siena:** Anfang Juli und Mitte August treten beim Palio die Vertreter der 17 Stadtteile beim Pferderennen auf der Piazza del Campo gegeneinander an.

■ Essen und Trinken

Beinahe auf jeder Tour bietet sich die Möglichkeit, zumindest in einer der typischen Bars – häufig nur eine

Theke und ein paar kleine Tische – einzukehren: Dort gibt es immer einen Espresso oder einen Cappuccino, kalte, auch alkoholische Getränke und meist ein »panini«, ein Brötchen, belegt mit Käse oder Schinken, oder Kuchenstückchen. Günstiger ist es, das Gewünschte im Stehen zu verzehren, denn für die Gäste an den Tischen gelten höhere Preise.

So oft es ging, wurden Restaurants oder die einfacheren, meist familiär geführten Osterias und Trattorias in die Wanderungen einbezogen.

Allerdings sollte man, um Enttäuschungen vorzubeugen, bei der Planung der Tour bedenken, daß Restaurants in der Regel nur über Mittag und am Abend geöffnet sind. Wissen sollte man auch, daß bei jedem Essen eine Art Grundgebühr berechnet wird für Gedeck und Brot, das sogenannte »coperto«. Typische Gerichte sind in Olivenöl eingelegte Artischocken, Auberginen und Pilze als Vorspeise; dicke Gemüse- und Bohnensuppen; alle Sorten von »pasta«, Nudelgerichte mit Tomaten- oder Fleischsauce; Bistecca alla fiorentina, ein dickes Steak, auf dem Rost gebraten; Hasenragout; Wildschweinwürste; und als Abschluß ein Stück Pecorino-Käse, ein fester Schafskäse, oder das typische köstlich schmeckende Mandelgebäck mit einem Gläschen »Vino Santo«.

Wer in der Toskana wandert, der stößt immer wieder auf das Thema Wein: bei Wanderungen durch Weinanbaugebiete, bei Stadtrundgängen, wenn das Schild »Enoteca« auf eine Weinhandlung hinweist, in der mehrere in der Umgebung erzeugte Weine angeboten werden.

Deshalb ein Wort zum Wein: In bauchigen Flaschen mit Strohüberzug, so schlich sich der Chianti in Kehlen und Herzen, wurde zum Synonym für italienischen Wein, für italienische Lebensart. Seinen Namen verdankt er dem Bergrücken Monti del Chianti, der das heutige Weinanbaugebiet nach Osten hin begrenzt. Und mit diesem Namen, den der Wein seit 1404 trägt, machte er Karriere.

Im 17. Jh. wurden große Mengen nach England exportiert, und schon begannen andere Winzer den Namen unerlaubterweise zu übernehmen.

So sah sich der damalige toskanische Großherzog gezwungen, genau festzulegen, welche Region nun das Chianti-Classico-Gebiet ist: grob gesagt, das gesamte Gebiet zwischen Florenz und Siena. Nur die Weine, die hier angebaut werden, dürfen die Bezeichnung Chianti Classico und damit auch dessen Symbol, den schwarzen Hahn, tragen – vorausgesetzt, sie setzen sich, gemäß der festgelegten Richtlinien, aus den roten Rebsorten Sangiovese (70–90%) und Canaiolo (5–10%) sowie der weißen Sorte Malvasia (2–5%) zusammen.

1 Oberhalb von Florenz

Durch Parkanlagen zum Aussichtspunkt

km 6,5	
Etappen 4	
Stunden 2,5	
Höhenunterunterschied 210	

Etappen
Ponte Vecchio –
Porta Romana 1,5 km –
S. Miniato 3,2 km – Piazzale
Michelangelo 0,4 km –
Ponte Vecchio 1,4 km

Tourencharakter
Durch Stadtviertel südlich des
Arno und locker bebaute
Hügellandschaft; schöner
Blick auf die Altstadt

Sehenswertes am Weg
Ponte Vecchio, Palazzo Pitti,
Giardino di Boboli, Porta
Romana, Kirche S. Miniato
al Monte, Piazzale Michelangelo, Stadtmauer

Wegmarkierung
Keine

→ Über die mit Geschäften überbaute Bogenbrücke **Ponte Vecchio** gelangen wir in das Stadtviertel Oltrarno. Auf der schmalen *Via de Guicciardini* erreichen wir den **Palazzo Pitti**.

Abweisend und gewaltig wirkt die Fassade des Palastes, der um die Mitte des 15. Jh. in Auftrag gegeben wurde von dem reichen Kaufmann Pitti, dem Anführer des Widerstands gegen die »neureiche« Bankiersfamilie Medici, die seit 1434 die Stadt regierte. Mit diesem Palast wollte die Familie Pitti den der Medici, den heutigen Palazzo Vecchio, in den Schatten stellen. Doch die Familie Pitti verarmte, und der Palazzo geriet in die Hände der Medici, die ihn zur Residenz ausbauten. Ein standesgemäßer Garten wurde angefügt, der heutige **Giardino di Boboli**, Kunstschätze gesammelt in prunkvollen Räumen, die selbst eines Königs würdig waren: In den Jahren zwischen 1865 und 1871 residierte hier, als Florenz Hauptstadt Italiens war, der italienische König. Heute sind die einstigen Wohn- und Repräsentationsräume, die **Appartamenti Monumentali**, zugänglich. In drei Museen sind die gesammelten Kunstschätze ausgestellt.

Durch dieses aus riesigen gelbbraunen Quadern erbaute Gebäude betreten wir den **Boboli-Garten**, der am Hang eines Hügels angelegt wurde und, ausgestattet mit Wasserbecken, Grotten und rund 200 Statuen, als schönste Parkanlage in Florenz gilt. Wir durchqueren das einstige **Anfiteatro** (um 1630) und

1 Oberhalb von Florenz

steigen auf breiten Treppenstufen an zum künstlich angelegten Teich **Vasca del Forcone**. Dort wenden wir uns nach rechts – geradeaus gelangt man zum **Casino del Cavaliere**, in dem ein **Porzellanmuseum** untergebracht ist – zur breiten Längsachse des Gartens, der *Viale dei Cipressi*, die zwischen immergrünen Hecken mit Nischen für Statuen schnurgerade zu der in Überfülle mit Statuen geschmückten Wasseranlage **Vasca dell'Isola** hinunterführt und uns geradeaus zum Westausgang des Gartens *(nicht* den nach rechts weisenden Schildern »uscita« folgen!) an der **Porta Romana** bringt.

Der gewaltige Torbau war der südliche Zugang zur Stadt. Die anschließende Stadtmauer ist der letzte Überrest der mittelalterlichen Stadtbefestigung (1284–1333): Eindrucksvolle 2–3 m stark war sie, bis zu 12 m hoch und gesichert durch über 70 Türme, unterbrochen durch 15 burgartige Tore. Bis ins Jahr 1865 umgab sie die gesamte Stadt, doch dann wurde Florenz Hauptstadt Italiens, worauf ein Bauboom einsetzte, dem auch die Stadtmauer größtenteils zum Opfer fiel.

Das Stadttor mit riesigen hölzernen Torflügeln lassen wir rechts liegen und wenden uns nach links in

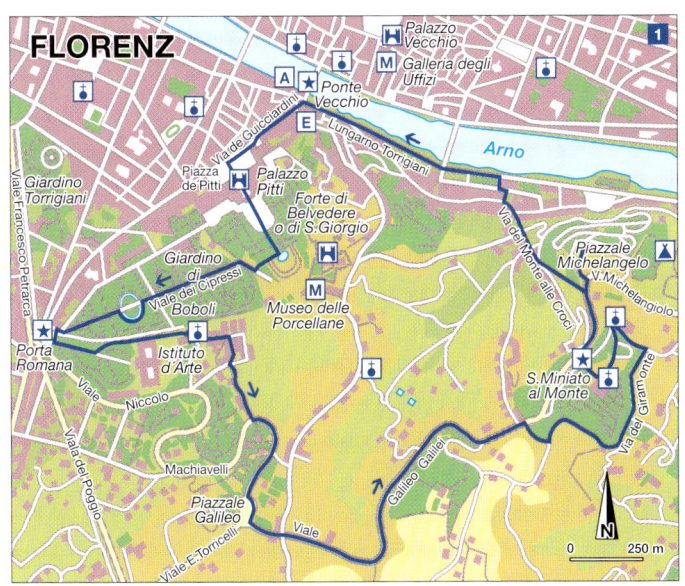

die *Grünanlage des Istituto d'Arte*. Links am Gebäude vorbei erreichen wir die Wohnstraße *Via della Madonna della Pace* und folgen ihr etwa 100 m weit zu einer Straßenkreuzung. Nach rechts durch die *Via del Baluardo*, wenig später an einer Straßengabelung nach links auf der ansteigenden *Via del Bobolino* erreichen wir zwischen Mauern die verkehrsreiche Durchgangsstraße *Viale Niccolò Macchiavelli*, Teilstück der Viale dei Colli, einer baumbestandenen Panoramastraße, die als Umgehungsstraße im Jahr 1865 angelegt wurde und über die Hügel südlich von Florenz führt.

Dieser breiten Platanenallee mit gepflasterten, durch Grünstreifen von der Straße getrennten Gehwegen folgen wir nach links zur **Piazzale Galileo**. Große Villen in entsprechenden Gartenanlagen bestimmen hier das Bild, während der folgende Streckenabschnitt auf der sich nach links fortsetzenden, sanft fallenden *Viale Galileo Galilei* an kleinen Parzellen von Feldern, Gemüsegärten und Olivenhainen vorbeiführt.

Auf Höhe einer von riesigen Zypressen beschatteten Grünanlage zweigt an einer Fußgängerampel das Sträßchen *Passo all'Erta* rechts ab. Entlang einer hohen Mauer steigen wir 100 m weit zu einer Gabelung an und gelangen nach links auf der schmalen *Via di Giramonte* auf den **Monte alle Croci**. In nur wenigen Metern Abstand zu einer einstigen Festungsmauer – hinter den Mauern befindet sich heute ein Friedhof – umrunden wir den Hügel, wenden uns auf der querlaufenden *Via del Monte alle Croci* nach links und erreichen wenig später einen kleinen Platz, von dem mehrere Straßen abgehen. Auf der scharf nach links abzweigenden *Via delle Porte Sante* steigen wir wenige Meter an und gelangen durch einen Torbau der im 16. Jh. angelegten **Festung** – heute Olivetanerkloster – zur Kirche **San Miniato al Monte**.

Geweiht ist die Kirche dem heiligen Minias, einem frühchristlichen Märtyrer aus Florenz, dessen Gebeine in der Krypta aufbewahrt werden. Anstelle einer wesentlich älteren, ihm zu Ehren errichteten Kirche wurde im 11. Jh. hier mit dem Bau der heutigen Kirche begonnen. Damit ist sie eine der ältesten Kirchen von Florenz. Beeindruckend ist vor allem die Fassade aus weißem und grünem Marmor, verarbeitet in der sogenannten **Inkrustationstechnik**.

Marmor findet sich auch im Innern der dreischiffigen Basilika: auf dem Fußboden, am Lettner und an der Kanzel. Beachtung verdienen die Fresken (14. Jh.) in der Sakristei sowie, im linken Seitenschiff, die Kapelle (1461) mit dem Grabmal eines portugiesischen Kardinals, ausgeschmückt mit Terrakotten von Luca della Robbia. Der wuchtige, zinnenbewehrte Bau neben der Kirche wurde um 1300 als Bischofspalast erbaut, diente später aber auch als Kaserne und Krankenstation für Pestkranke. Vom Kirchplatz eröffnet sich uns ein wunderbarer **Blick** auf Florenz und die Hügelkette, die das Arno-Tal im Norden begrenzt.

Über die breite, von San Miniato hinabführende Treppe und wieder auf der *Viale Galileo Galilei* nach rechts erreichen wir, vorbei an einem *Kiosk mit Terrasse* und vorbei am *Restaurant/Café La Loggia*, die weitläufige **Piazzale Michelangelo**, die erneut einen herrlichen **Ausblick** bietet. Mitten auf dem Platz steht eine Nachbildung von **Michelangelos »David«**, die, zusammen mit den Kopien der ebenfalls von Michelangelo geschaffenen Skulpturen »Tageszeiten«, hier im Jahr 1875 aufgestellt wurden.

Wir kehren zurück zu dem eben genannten *Kiosk*, steigen nach rechts auf der gepflasterten *Via di S. Salvatore al Monte*, einem Kreuzweg, über Treppenstufen ab und gelangen, geradeaus durch das Stadttor **Porta S.Giorgio**, wieder in die

Die älteste Brücke von Florenz, der mit Läden überbaute Ponte Vecchio, hat seit dem 14. Jh. alle Überschwemmungen des Arno unbeschadet überstanden.

Altstadt. In der querlaufenden *Via di S. Niccolò* nach links, nach wenigen Metern rechts in die *Via dell' Olmo*, und wir sind auf der **Piazza Niccolò Demidoff** und am **Arno**.

Mit **Blick** auf die am anderen Ufer des Arno gelegenen **Uffizien** und die **Ponte Vecchio** kehren wir entlang der stark befahrenen Uferstraße nach links zur Ponte Vecchio, unserem Ausgangspunkt, zurück.

Informationen zur Tour

■ Ausgangsort

Ponte Vecchio in Florenz.

■ Anfahrt

Bus- und Bahnverbindungen von allen größeren Städten der Toskana. Innerhalb der Stadt gutes Busnetz; Elektrobus-Linie B fährt werktags alle 15–30 Min. im Uhrzeigersinn durch die Innenstadt; Haltestelle am Bahnhof Santa Maria Novella (von den Gleisen aus gesehen rechter Seitenausgang); über Domplatz und Ponte delle Grazie zur Südseite der Ponte Vecchio.

■ Unterkünfte

- Rund 200 Hotels; Buchung in der Touristeninformation im Bahnhof; Tel. 0 55/28 28 93; geöffnet 8.30–21 Uhr.
- JH: Ostello Villa Camerata, Viale A. Righi, 2/4, Tel. 0 55/60 14 51; ganzjährig geöffnet; am nordöstlichen Stadtrand; erreichbar mit ATAF-Linie 17B. Dort ist auch ein
- Campingplatz Villa di Camerata.

■ Einkehrmöglichkeiten

- Café im Giardino di Boboli; Restaurant und Bar an der Piazzale Michelangelo.

■ Öffnungszeiten

- Giardino di Boboli, täglich geöffnet, März – Okt. 9–17.30, April – August 9–19.30, Nov.-Febr. 9–16.30 Uhr; Eintrittsgebühr. Porzellanmuseum, Do-Sa 9–14, So 9–13 Uhr.
- San Miniato, 12–14 Uhr geschlossen.

■ Auskunft

Ufficio Informazioni Turistiche, Via Cavour 1, Tel. 0 55/2 76 03 82; März-Okt. 9.30–12.30, 15–18 Uhr.

■ Karte

Stadtplan Firenze.

■ Programm für Regentage

Zahlreiche Museen, u. a. im Palazzo Pitti die Gemäldegalerie Palatina; geöffnet werktags außer Mo 9–14, So 9–13 Uhr.

2 Nördlich von Florenz

Zu den römischen Ruinen in Fiesole

km	**8,5**
Etappen	**4**
Stunden	**ca. 3**
Höhenunterschied	**340**

Etappen
Settignano – S. Lorenzo 2 km – Aussichtspunkt Monte Ceceri 4 km – Fiesole 1,5 km – Piazza S. Domenico 1 km

Tourencharakter
Langgezogener Anstieg auf Sträßchen und alten Wegen; bergab durch locker bebautes Villenviertel zum Stadtrand von Florenz; schöne Ausblicke

Sehenswertes am Weg
Römische Ausgrabungen, Museen, Domkirche, Kirche S. Domenico

Wegmarkierung
Rot-weißer Querbalken bis Fiesole

→ Mit dem Bus fahren wir von Florenz nach **Settignano**, einem ruhigen Dorf, in dem **Michelangelo** aufwuchs. Von der *Piazza Niccolò Tommaseo* steigen wir auf der *Via di S. Romana* 100 m weit an zu einer Straßenkreuzung, biegen links ab auf die *Via Desiderio da Settignano* und passieren den *Friedhof*. Wenig später kreuzen wir bei den letzten Häusern ein *querlaufendes Sträßchen* und steigen auf einem Weg steil hoch zur Scheitelhöhe eines Hügelrückens.

Hier stoßen wir an einem Wohngebäude auf einen Fahrweg, dem wir nach rechts folgen zu einem Gehöft. 250 m danach biegen wir rechts ab auf einen unbefestigten Weg, der zur Kirche San Lorenzo ansteigt. Linkerhand fällt das zinnenbewehrte **Castello di Vincigliata** auf, das bereits um 1034 erwähnt wurde.

Nach rechts, an **San Lorenzo** vorbei, folgen wir einem ansteigenden Sträßchen, biegen aber schon nach 100 m links ab auf einen abgeschrankten *Feldweg*. Zunächst steigen wir zwischen Ölbäumen und durch ein Wäldchen steil ab, gehen am *Gehöft Mezzana* vorbei und durchqueren in einem Linksbogen ein landwirtschaftlich genutztes **Hochtal**. Vorbei am *Gehöft Le Caselle* steigen wir nach rechts zum Waldrand an. 50 m nach der Linksabzweigung einer Privatstraße biegen wir links ab auf einen Pfad, der nach wenigen hundert Metern am Ortsschild von Fiesole in eine Straße einmündet.

Auf der Scheitelhöhe eines schmalen Hügelrückens folgen wir

der Straße nach links 300 m weit, dann einem links abzweigenden Sträßchen bergauf zu den wenigen Gebäuden von **Ville Monte Ceceri**. Wir passieren die Zufahrt zu einem *Campingplatz*, biegen an der *Piazza Prato ai Pini* links ab und wenden uns am Waldrand nach rechts. Anfangs recht steil führt ein *Pflasterweg* am Hang des bewaldeten **Monte Ceceri** bergauf zu einem **Aussichtspunkt**, der einen weiten Blick bietet auf Florenz und auf einige Gipfel des **Apennin**.

Hinter einem **Gedenkstein für Leonardo da Vinci** – er hatte geplant, von hier aus mit einer von ihm entworfenen Flugmaschine zum ersten Flug zu starten – steigen wir auf einem steilen Pfad wieder ab, halten uns an einer Wegkreuzung geradeaus und verlassen den Wald. Hier beginnt ein **Panoramaweg**, der nach links entlang eines terrassierten, locker bebauten Hanges verläuft, und bequem bergab erreichen wir in Fiesole die **Piazza Mino da Fiesole**.

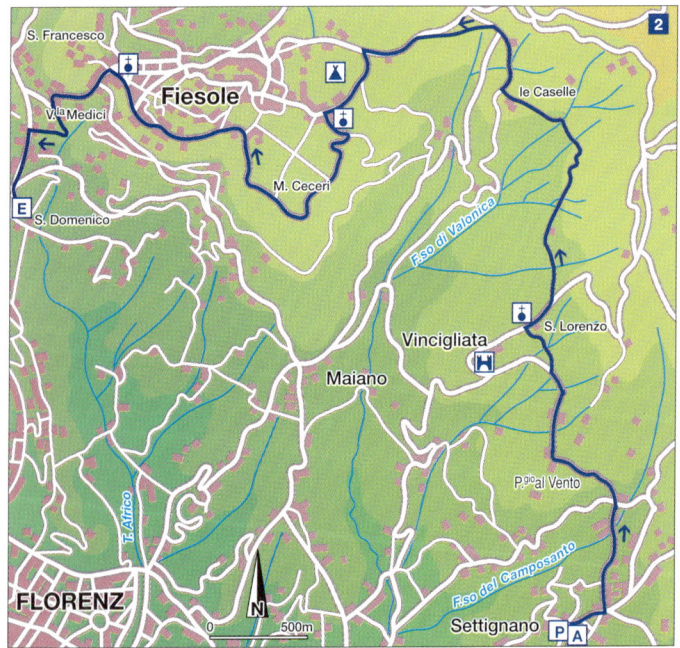

2 Nördlich von Florenz

Ab dem 5. Jh. v. Chr. entwickelte sich hier oben über dem Arnotal eine bedeutende Etruskerstadt, von der jedoch nur noch wenige Reste – ein Abschnitt der **Zyklopenmauer**, die die Stadt umgab, sowie die Fundamente eines Tempels – erhalten sind, denn um 90 v. Chr. wurde Fiesole von römischen Truppen erstürmt und zu einer römischen Militärkolonie.

Ab 60 v. Chr. entstand im Arnotal die römische Siedlung Florentia, die über die Jahrhunderte immer stärker an militärischer und wirtschaftlicher Bedeutung gewann. Fiesole hingegen wurde im Jahr 492 Bischofssitz, weshalb in den folgenden Jahrhunderten mehrere Kirchen errichtet und Klöster gegründet wurden. Um auch im kirchlichen Bereich den Vorrang zu erreichen, eroberte Florenz im Jahr 1125 Fiesole.

Mittelpunkt von Fiesole ist die **Piazza Mino**: Am oberen Ende der rechteckigen Piazza, zu Römerzeiten das Forum, steht der **Palazzo Pretorio** (14. Jh.), daneben die kleine Kirche **San Maria Primerana**, ein frühes Oratorium, dessen ursprüngliche Front im 16. Jh. ersetzt wurde. Die Mitte wird vom Reiterstandbild (1906) des italienischen Königs Vittorio Emanuelle und Garibaldi beherrscht. An der rechten Längsseite der **Dom San Romolo**, im frühen 11. Jh. erbaut, jedoch zwischen dem 13. und 16. Jh. vergrößert und verändert; sehenswert ist die Säulenkrypta sowie die **Salutati-Kapelle**. Die mächtigen Fassaden vom **einsti-**

Straßenbild in Fiesole, einem oberhalb des Arnotals gelegenen und deshalb als Wohnort beliebten Stadtteils von Florenz.

gen Erzbischöflichen Palast, ursprünglich aus dem 11. Jh., und des Priesterseminars (17. Jh.) begrenzen den Platz.

Auf der Straße, die am Dom rechts abzweigt, gelangen wir nach wenigen Metern zum Museum Bandini und zum Eingang eines **ausgedehnten Ausgrabungsareals**. Hier wurden Überreste der etruskisch-römischen Stadt entdeckt: ein **Amphitheater**, eine **Thermenanlage**, die Reste eines Tempels, der auf den Fundamenten eines etruskischen Vorgängerbaus errichtet worden war. Die Reste der etruskischen Stadtmauer erstrecken sich unterhalb des Ausgrabungsareals. Im Museum sind Fundstücke aus etruskischer und römischer Zeit ausgestellt. Im benachbarten **Museo Ban-**

dini werden vor allem sakrale Kunstwerke gezeigt.

Ein lohnenswerter Abstecher – in Verlängerung der *Piazza Mino der Via S.Francesco* folgen (hin und zurück 600 m) – bringt uns zum höchsten Punkt der Stadt hinter dem **Bischofspalais**. An dieser **Aussichtsposition** stand vermutlich bereits zu Etrusker- und Römerzeiten ein Tempel, der später durch einen römischen Tempel, im 6. Jh. durch die äußerlich unscheinbare und im 19. Jh. restaurierte Kirche **San Alessandro** ersetzt wurde. Im Innern acht Säulen aus griechischem Marmor mit ionischen Kapitellen. Etwas höher steht das Kloster **San Francesco**, um 1330 an der Stelle erbaut, an der sich zunächst ein etruskisches Heiligtum, zu Römerzeiten und im Mittelalter Befestigungsanlagen befanden.

Die *Piazza Mino* verlassen wir auf der bergab führenden, stark befahrenen *Via Frà Giovanni da Fiesole detto l'Angelo* in Richtung Florenz, halten uns nach 100 m in einer Linkskurve der Straße geradeaus und gelangen auf der *Via Vecchia Fiesolana* kurz darauf zur **Villa Medici**, die in Privatbesitz und daher nicht zugänglich ist. Diese Mitte des 15. Jh. erbaute Villa gilt als erstes Landhaus adliger Familien.

An der Villa Medici wenden wir uns nach links, biegen schon nach 100 m rechts ab und erreichen auf der *Via Bandini* wieder die querlaufende *Via Vecchia Fiesolana*. Ihr folgen wir nach links bergab, mit **Blick** auf die am Hang liegenden **Villen**

Bis zu 3000 Zuschauer faßte einst das römische Amphitheater in Fiesole.

des florentinischen Adels, und erreichen die **Piazza San Domenico** mit der Kirche **San Domenico**. Sie gehört zu einem im 15. Jh. gegründeten Kloster, in dem zwischen 1418 und 1436 **Frà Angelico** lebte und arbeitete: Von ihm stammen die »Madonna mit Heiligen« (1. Kapelle links) und die »Kreuzigung« (Kapitelsaal).

Von der Piazza S. Domenico bringt uns der Bus in das Stadtzentrum von Florenz zurück.

Informationen zur Tour

■ Ausgangsort

Settignano, Dorf ca. 10 km nordöstlich der Altstadt von Florenz.

■ Anfahrt

Vom BHF Santa Maria Novella in Florenz mit Stadtbus (ATAF), Linie 10, zur Endstation in Settignano. Haltestelle sowie Verkaufskiosk für Fahrkarten und Fahrpläne am nördlichen (von den Gleisen aus gesehen linken) Seitenausgang des BHF Santa Maria Novella, Abfahrten alle 20 Min.

■ Zielort

Fiesole, nobler Vorort oberhalb von Florenz.

■ Rückfahrt

ATAF-Linie 7 ab der Piazza San Domenico zum BHF Santa Maria Novella; Abfahrten alle 20 Min.

■ Unterkünfte

- Hotel Villa Aurora (****), Piazza Mino in Fiesole, Tel. 0 55/5 91 00; 1860 erbaut als Theater; Restaurant mit Aussichtsterrasse.
- Campingplatz Panoramico, Via Peramonda, Prato ai Pini, Tel.0 55/59 90 69; ganzjährig geöffnet.

■ Einkehrmöglichkeiten

In Fiesole an der Piazza Mino mehrere Cafés und Restaurants.

■ Öffnungszeiten

Ausgrabungsareal, täglich außer Do 9–18 Uhr, Eintrittsgebühr schließt auch Museo Bandini und Museo Civico ein.
Kirchen über Mittag geschlossen.

■ Auskunft

APT, Piazza Mino, 36, 50014 Fiesole, Tel. 0 55/59 87 20.

■ Karte

Kompaß-Karte, 1:50 000, Blatt 660, Firenze – Chianti.

3 Von Florenz nach Süden

Zur Kartause in Galluzzo

km	11,5
Etappen	4
Stunden	ca. 4
Höhenunterschied	250

Etappen
Porta Romana – La Certosa di Firenze 4,75 km – S. Felice a Ema 2,25 km – Poggio Imperiale 2,25 km – Ponte Vecchio 2,25 km

Tourencharakter
Hügelige Landschaft mit Häusergruppen, einzelnen Bauernhöfen und Landgütern in parkartigen Gärten; großteils auf Asphalt; kaum Schatten

Sehenswertes am Weg
Porta Romana, Kloster La Certosa di Firenze, Poggio Imperiale, Forte di Belvedere, Ponte Vecchio

Wegmarkierung
Keine

➡ Vom Kreisverkehr an der **Porta Romana**, einem mächtigen mittelalterlichen Stadttor mit riesigen Torflügeln, folgen wir der Ausfallstraße *Via Senese*, biegen aber schon nach 100 m rechts ab. Die schmale *Via Campora* steigt zwischen ummauerten Gärten an zur Häusergruppe *La Colombaia*, wo wir uns an einer Straßengabelung links halten. Auf der Höhe des Hügelrückens gelangen wir in offenes Gelände und erreichen bei *Le Pergole* erneut eine Straßengabelung, an der wir weiterhin der *Via Campora* geradeaus folgen. Vorbei an der **Villa dei Mutilati** erreichen wir die Straße *Galluzzo – Scandicci* und steigen geradeaus auf der *Via delle Romite* mit Blick auf die im Tal gelegene Kleinstadt **Galluzzo** kurzzeitig an.

Am Ortsrand von Galluzzo folgen wir nach links bergab der *Via Santa Chiara* in das Ortszentrum zur *Piazza Niccolò Acciaiuoli*. Nach rechts gelangen wir entlang der Durchgangsstraße über die Brücke des *Torrente Ema* zur Klosterzufahrt und steigen hinauf zur **Certosa di Firenze**.

Wie eine Festung wirkt das im 14. Jh. erbaute Kartäuserkloster mit den 18 zweigeschossigen Mönchszellen, die, parallel zur Mauer, um einen großen Kreuzgang angeordnet sind. Bis 1957 wurde das Kloster von Kartäusern bewohnt, doch heute ist es im Besitz von Zisterziensern. Nur im Rahmen einer Führung kann man die einzelnen Gebäude des großen Komplexes betreten: u. a. die **Pinakothek im Acciaiuoli-Palast**, die Klosterkirche mit Krypta, den großen Kreuzgang.

Auf demselben Weg kehren wir zur *Piazza N. Acciaiuoli* zurück, bie-

3 Von Florenz nach Süden

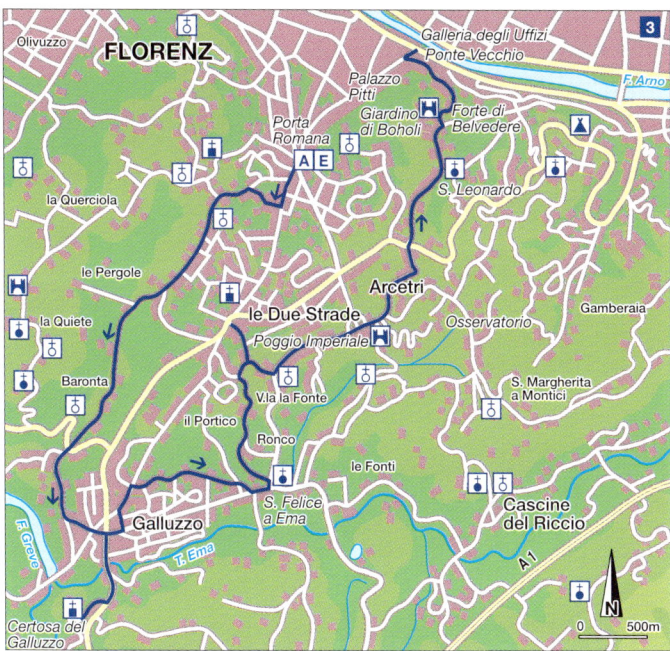

gen am Ende des Platzes rechts ab auf die stark befahrene *Via G. Sivani*, wenden uns aber nach 50 m wieder nach links in die *Via del Podestà*. Kurz nach dem ehemaligen Rathaus mit den Wappen der Stadtoberhäupter folgen wir nach rechts der *Via C. Barni*. Am Ortsrand entlang führt dieses Sträßchen wieder zur *Via G. Sivani*, auf der wir nach links einen Kreisverkehr unterhalb der **Kirche San Felice a Ema** erreichen.

Nach links steigen wir (links gehen!) 50 m weit an und biegen erneut links ab. Die Gasse steigt leicht an, geht in einen Fußweg über und führt zwischen hohen Mauern, dann zwischen Gärten an den Ortsrand von **Le Due Strade**.

Hier halten wir uns an einer Straßengabelung rechts und stoßen auf ein querlaufendes Sträßchen, das nach rechts bergauf zur Durchgangsstraße *Via di S. Felice* führt. Mit **Blick** auf die Hügel nördlich von Florenz folgen wir der Straße nach *links* zur Häusergruppe *La Veranella* und zum **Poggio Imperiale**.

Die riesige Villa, die ihre heutige Fassade im 19. Jh. erhielt, ließ der

Großherzog Cosimo II. de Medici im 17. Jh. für seine Gattin erbauen.

Während die Durchgangsstraße links abknickt, halten wir uns geradeaus und passieren die Villa, wenig später die Zufahrt zu einem Observatorium. Hier halten wir uns an einer Straßengabelung nach links und folgen der schmalen *Via di S. Leonardo*, die die verkehrsreiche *Viale Galileo Galilei* kreuzt. Sie passiert die im 11. Jh. gegründete **Kirche San Leonardo** und führt als gepflasterte Straße zwischen hohen Mauern und prächtigen Villen bergab, vorbei an der Festung **Belvedere**.

Diese wurde im 16. Jh. erbaut zum Schutz der Medici-Herrschaft gegen mögliche Erhebungen der Bevölkerung von Florenz.

Durch die **Porta di S. Giorgio** gelangen wir wieder in die Altstadt von **Florenz** und steil bergab an die *Via de Bardi*, die Uferstraße entlang des Arno. Ihr folgen wir nach links zur **Ponte Vecchio**.

Informationen zur Tour

■ Ausgangsort

Florenz, Porta Romana.

■ Anfahrt

Stadtbuslinien (ATAF) vom Bahnhof Santa Maria Novella, u. a. Nr. 37 in Richtung Tavarnuzze; alle 30 Min.

■ Unterkünfte

Siehe Tour 1.

■ Einkehrmöglichkeiten

• In Galluzzo Bars und Da Stefano (geschlossen So und August), elegantes Restaurant mit Garten, Spezialität Fisch.

■ Öffnungszeiten

Certosa di Firenze, täglich außer Mo 9–12 und 15– 18 Uhr.

■ Auskunft

Siehe Tour 1.

■ Karte

Kompaß-Karte 1 : 50 000, Blatt 660, Firenze – Chianti.

Von den einst 15 burgartigen Stadttoren in der mittelalterlichen Befestigung von Florenz blieb nur die Porta Romana erhalten.

4 Zwischen Arno und Ombrone

Artimino – wo sich die Medicis wohl fühlten

km	
10	
Etappen	
5	
Stunden	
ca. 3	
Höhenunterschied	
300	

Etappen
Comeana – La Volta 0,75 km – Kirche S. Leonardo, 4,5 km – Artimino 0,5 km – Villa di Artimino 0,75 km – Comeana 3,5 km

Tourencharakter
Anstieg in Hügellandschaft nach Artimino; größtenteils auf alten Wegen, 4 km auf Asphalt

Sehenswertes am Weg
Romanische Kirche S. Leonardo; malerisches Artimino; Villa Medici mit Archäologischem Museum

Wegmarkierung
Streckenweise rot-weißer Querbalken, Nr. 1, Orientierung einfach

➡ Von der **Piazza C. Battisti** in **Comeana** folgen wir der *Via la Volta* (*Markierung*) zum Ortsrand. Wir gehen einige Meter nach *rechts* und auf einem *links* weiterführenden Sträßchen am Hang eines flachen Tals zur *Häusergruppe La Volta* und auf die Talsohle hinunter. Talaufwärts steigen wir auf einem Feldweg bequem zur Landstraße *Carmignano – Artimino* an.

Dieser folgen wir nach *links* 250 m weit und biegen unmittelbar vor einer Kontrollanlage der Gasversorgung links ab, überqueren einen *Bach* und steigen auf einem breiten *Waldweg* steil an. Nach einigen hundert Metern halten wir uns an einer Wegkreuzung scharf *rechts* und erreichen den Waldrand.

Dem Waldrand folgen wir hangaufwärts zu einem Fahrweg, der in eine Straße einmündet. Zur Rechten die **Pieve di San Leonardo**, eine schlichte romanische Kirche (1107).

Auf der Straße steigen wir hoch zum malerischen Bergdorf **Artimino**. Bei einem Rundgang ist zu sehen, in welch hervorragender **Aussichtslage** sich diese Siedlung befindet.

Auf einer Allee erreichen wir die **Villa di Artimino**, äußerlich ein recht schmuckloses Gebäude, an dem jedoch rund 30 Schornsteine auffallen. Im späten 16. Jh. wurde sie im Auftrag von Großherzog Ferdinand I. de Medici erbaut.

Schon die Etrusker schätzten diesen Standort, denn Ausgrabungen ergaben, daß sich hier eine etruskische Akropolis befand. Die dazugehörige Siedlung zog sich am Südhang hinunter, die Nekropole lag am

Osthang. Grabbeigaben sowie weitere Fundstücke sind im **Archäologischen Museum** in der Villa ausgestellt.

Vom Parktor der Medici-Villa kehren wir zurück und folgen nach 100 m der nach *Comeana* führenden Straße 300 m weit bergab in eine Linkskehre. Auf einem Fahrweg gehen wir geradeaus weiter, biegen nach 30 m an einem Bildstock links ab auf einen Weg, der steil bergab führt und immer wieder **Ausblicke** auf das **Ombrone-Tal** und auf **Florenz** bietet.

Wir stoßen wieder auf die Straße *Artimino – Comeana* und folgen ihr nach rechts bergab in engen, unübersichtlichen Kurven (*links gehen!*). In der letzten scharfen Rechtskurve vor Erreichen der Talsohle wenden wir uns am Ende der Leitplanke scharf nach *links* auf einen Pfad, der auf die Talsohle hinunterführt. Über eine kleine Bogenbrücke und nach einem leichten Anstieg gelangen wir zum Weiler *La Volta* und nach Comeana zurück.

Die Villa in Artimino war das bevorzugte Landhaus der mächtigen Familie Medici.

Informationen zur Tour

🟥 Ausgangsort

Comeana (Prov. Firenze), kleine Ortschaft 15 km westlich von Florenz; am Fuß des Monte Albano.

🟥 Anfahrt

PKW: SS 67, Florenz – Pisa, bis Signa; auf Landstraße 3 km nach Comeana; Parkplatz auf der Piazza C. Battisti am Ortsrand in Richtung Artiminio.
Bus: Linie Florenz – Carmignano (CAP), werktags mehrmals täglich; Haltestelle in Comeana: Piazza Battisi; letzte Rückfahrt gegen 18 Uhr.

🟥 Unterkünfte

- Hotel Paggeria Medicea (****), Tel. 0 55/8 71 80 81; in Artimino; ehemaliges Gesindehaus der Villa Medici.
- Privatzimmer Gardali Concetta, Via Roma, 88, Tel. 0 55/8 99 75 84; in Signa, ca. 5 km südöstlich von Comeana.
- Campingplatz in San Giusto, Tel. 0 55/8 71 23 04; ca. 8 km westlich von Comeana.

🟥 Einkehrmöglichkeiten

- In Artimino Da Delfina, empfehlenswertes Restaurant mit Aussichtsterrasse (Di geschl.);
- Bar Panini, einfache Bar mit Laden und Tischen im Freien; Ausblick.
- Biagio Pignatta, bekanntes Restaurant in villenähnlichem Nebenhaus bei der Villa Medici (Mi geschl.).

🟥 Öffnungszeiten

- Kirche S. Leonardo, 10.30–12 und 14–16 Uhr.
- Villa Medici, nur zugänglich bei Besuch des Archäologischen Museums
  Mo – Sa außer Mi 9–13, So 9–12.30 Uhr.

🟥 Auskunft

APT, Via Manzoni, 16, 50121 Firenze, Tel. 0 55/2 33 20.

🟥 Karte

Area protetta del Montalbano; carta turistico-escursionistica, 1 : 25 000.

🟥 Programm für Regentage

In Comeana zwei Etruskergräber: Tumulo dei Boschetti, jederzeit zugänglich, und Tumulo di Montefortini, geöffnet Mo – Fr 9–17, Sa/So 9–13 Uhr; im Ort ausgeschildert. Die gefundenen Grabbeigaben sind im Archäologischen Museum in der Villa Medici in Artimino ausgestellt.

5 Monte Albano

Auf den Spuren Leonardo da Vincis

Etappen
Vinci – Casa natale di Leonardo 2,6 km – S. Lucia 0,75 km – Torre S. Alluccio 2,6 km – Fonte del Sassone 2 km – Faltognano 1,5 km – S.Lucia 1,75 km – Vinci 3,3 km.

Tourencharakter
Langer, steiler Anstieg, großteils auf befestigten Wegen.

Sehenswertes am Weg
In Vinci die Kirche S.Croce, das Castello dei Conti Guidi mit Leonardo-da-Vinci-Museum; Geburtshaus von Leonardo da Vinci; Torre S.Alluccio

Wegmarkierung
Rot-weißer Querbalken, Weg Nr. 14 und Nr. 14 a

Ausrüstung
Getränke und Proviant, da keine Einkehrmöglichkeit

→ In **Vinci** folgen wir der *Via Pierino da Vinci* zur **Piazza Leonardo da Vinci** und der ansteigenden *Via Roma* zum **Castello dei Conti Guidi**. Diese mächtige Turmburg sowie die benachbarte Kirche **San Croce**, die Taufkirche Leonardo da Vincis, stammen aus dem 11. Jh. Leonardo da Vinci (1452–1519), das Paradebeispiel eines Universalgenies, war nicht nur ein begnadeter Maler, Bildhauer und Ingenieur, sondern er beschäftigte sich auch mit Botanik sowie Geologie. Nach seinen Zeichnungen wurden funktionsfähige Maschinen gebaut, die im Museo Vinciano in der Burg ausgestellt sind.

Wenige Meter oberhalb der Straße führt der Fußweg *Via del Castello* zu einer *Umgehungsstraße*, auf der wir 250 m weit leicht ansteigen. In einer Linkskurve der Straße folgen wir geradeaus einem steil ansteigenden Sträßchen, das in einen Fahrweg übergeht (*Ausschilderung: Strada verde*). Durch einen alten *Olivenbaumhain* erreichen wir ein Sträßchen und nach rechts in wenigen Minuten das **Geburtshaus Leonardo da Vincis**.

Inmitten ländlicher Idylle steht das einfache, für das 15. Jh. typische Landhaus: aus Feldsteinen errichtet, im Innern drei ineinander übergehende Räume. Hier soll Leonardo als illegitimer Sohn eines Notars und einer Magd geboren worden sein. In den Räumen sind nur Kopien von

Zeichnungen und Gemälden Leonardos sowie erläuternde Texte (teilweise auch in Englisch) ausgestellt.

An einer Straßenkreuzung halten wir uns geradeaus und steigen auf einem schmalen Hügelrücken steil an. Zunächst passieren wir die Kirche S. Lucia, dann die wenigen Bauernhäuser des Dorfes Santa Lucia.

50 m nach dem letzten Gebäude folgen wir einem Sträßchen geradeaus, steigen im Wald steil an bis zur *Rechtsabzweigung* desjenigen markierten Wegs (*Nr.14*), dem wir auf unserem Rückweg folgen werden.

In nun recht bequemem Anstieg gelangen wir in einen Sattel auf der Höhe der Hügelkette, die sich zwischen dem Arno-Tal im Süden und dem Ombrone-Tal erstreckt. An einer Kreuzung halten wir uns *links*, bie-

Im Mittelalter fanden Reisende im Torre Alluccio eine sichere Unterkunft.

gen aber schon nach wenigen Metern rechts ab auf einen Pfad, der vollends zur Ruine des Torre S. Alluccio (540 m) und zu einem Sendemasten hochführt.

Hier errichtete der heilige Alluccio im 12. Jh. eine Einsiedelei und diesen wehrhaften, heute verfallenen Bau.

Auf demselben Weg kehren wir zurück zu der oben erwähnten Abzweigung des markierten Waldwegs, der bequem bergab führt.

Auf einem querlaufenden breiten Weg halten wir uns rechts und erreichen die Kirche des zu unserer Linken gelegenen Dorfes Faltognano.

Am ersten Gebäude des Orts wenden wir uns scharf nach rechts und passieren auf einem Sträßchen die eben genannte Kirche. Nach 300 m biegen wir *rechts* ab zu einem

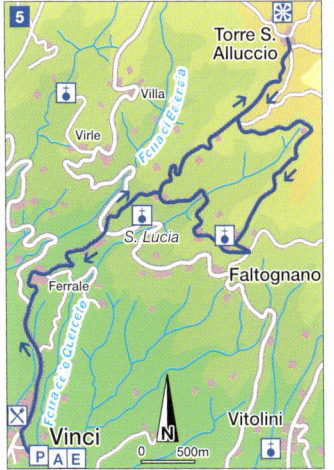

nur einige Meter entfernten Bauernhof und erreichen auf einem *Kiesweg* am terrassierten Hang ein weiteres Gehöft. Ein Pfad führt geradeaus weiter auf einer der Terrassen des Hanges und hinunter in das enge, bewaldete Tal des Bächleins **Quercete**.

Nach Überquerung des Rinnsals halten wir uns entlang des Bächleins *talabwärts* und wenden uns nach 50 m auf Höhe eines ehemaligen Bauernhauses nach rechts zum Zugangsweg des Hauses. Entlang einer Terrassenmauer führt der Weg recht steil hoch nach *S. Lucia*. Auf demselben Weg, auf dem wir von Vinci hierher aufgestiegen sind, kehren wir zu unserem Ausgangspunkt in Vinci zurück.

Informationen zur Tour

■ Ausgangsort

Vinci (Prov. Firenze), Kleinstadt ca. 25 km westlich von Florenz.

■ Anfahrt

PKW: Von Empoli im Arno-Tal der Ausschilderung nach Vinci folgen; ausgeschilderter Parkplatz am Zentrum in einer Seitenstraße.
Zugverbindung: Florenz – Empoli (in Richtung Livorno, Grosseto oder Pisa) ca. alle 30 Min.; Fahrtdauer 30 Min.; vom BHF in Empoli Bus (COPIT) nach Vinci ca. alle 30 Min.

■ Unterkünfte

- Hotel Alexandra (***), Via del Martini, 38/40, Tel. 05 71/5 62 27; Ortsrand von Vinci an der Straße in Richtung Empoli.
- Campingplatz Barco Reale, S. Baronto bei Lamporecchio, Tel. 05 73/8 83 32; ca. 10 km nördlich von Vinci.

■ Einkehrmöglichkeiten

- In Vinci Bar Centrale mit Biergarten;
- Café an der Burg;
- Ristorante La Torreta, mit schönem Ausblick (liegt hinter der Burg).

■ Öffnungszeiten

- Museo Vinciano, täglich 9.30–18 Uhr.
- Santa Croce, 9–12, 15–17.30 Uhr.
- Casa natale di Leonardo, täglich 9.30–18 Uhr; frei zugänglich.

■ Auskunft

Ufficio Turistico Intercomunale, Via della Torre, 11, 50059 Vinci, Tel. 05 71/56 80 12.

■ Karte

Area protetta del Montalbano – carta turistico-escursionistica, 1 : 25 000.

6 Oberhalb des Tals Valdinievole

Bergdörfer abseits vom Massentourismus

km 10,5	
Etappen 4	
Stunden ca. 4	
Höhenunterschied 430	

Etappen
Parkplatz bei Grotta Giusti – Monsummano Alto
2,5 km – Poggio Tondo
2,5 km – Montevettolini
3 km – Parkplatz 2,25 km

Tourencharakter
Zu Beginn steiler Anstieg, bergab nach Montevettolini; Feld- und Waldwege

Sehenswertes am Weg
Reste der befestigten Siedlung Monsummano Alto; Bergdorf Montevettolini

Wegmarkierung
Rot-weißer Querbalken, Nr. 30 und 30 a auf der ersten Hälfte der Tour; dann unmarkiert; ab Montevettolini rot-weißer Querbalken, Nr. 30

→ Vom Parkplatz in der *Via Grotta Giusti* – nahebei das Kurhotel bei den Grotten, in denen heißes Wasser aus der Erde sprudelt – gehen wir 300 m zurück in Richtung *Ortszentrum* und steigen nach rechts an auf der *Via della Cava Rossa*. Nach der letzten Häuserzeile führt ein Feldweg am Hang des Hügels, auf dem Monsummano Alto sitzt, weiter. Am Waldrand weist ein Schild auf drei aufgegebene **Steinbrüche** hin, die aufgrund ihrer Gesteinsfärbung interessant anzusehen sind (Abstecher hin und zurück zwischen 100 m und 1 km).

Der nun als geologischer Lehrpfad eingerichtete Weg führt durch Mischwald steil bergauf in einen Sattel.

Einem auf dem schmalen Hügelrücken verlaufenden Sträßchen folgen wir nach links in den Wald, biegen aber schon nach 150 m wieder links ab auf einen Pfad, der sich am Hang hochwindet zu den Resten der einstigen Befestigung von **Monsummano Alto**. Von hier oben überblickt man die weite Ebene **Padule di Fucécchio**, früher ein riesiges Sumpfgebiet.

Durch den Torbogen der *Porta del Mercato* und über niedere Felsabsätze erreichen wir wenig später die Kirche **San Niccolò**, eine einfache romanische Kirche.

Erwähnt wurde das auf einem Bergsporn gelegene befestigte Dorf **Monsummano Alto** bereits um 1000, doch mit dem Bau der Kirche Santa Maria im heutigen Monsummano Terme begann Anfang des 17. Jh. die Bevölkerung den Ort zu verlassen. Von den Gebäuden des Dorfes ist deshalb nur noch eines bewohnt, die anderen sind verfallen.

Geradeaus, an der *Kirche* vorbei, gelangen wir zum nördlichen **Torturm** der Befestigung, wo sich erneut ein wunderbarer **Ausblick** bietet: auf das Tal des **Rio Gora** und einige Gipfel der **Alpi Apuane**.

Der steil fallenden Zufahrtsstraße zur Siedlung folgen wir zurück in den Sattel und wenden uns an einem Bildstock nach links auf die *Via de Vaticano*. Nach 30 m biegen wir rechts ab und steigen kurzzeitig in einem *Hohlweg* sehr steil an auf die Höhe des Hügelrückens, wo wir einem Sträßchen nach rechts folgen. 100 m nach dem Waldrand wenden wir uns an einer kleinen Anlage der Gasversorgung nach rechts auf einen *Fahrweg*, kommen am Gehöft *Casa Poggio Tondo* vorbei und erreichen ein renoviertes Gehöft.

Unmittelbar dahinter führt ein Feldweg in ein enges Tal. Ein kurvenreicher Fahrweg bringt uns talauswärts in ein weiteres enges Tal, wo wir einem querlaufenden Sträßchen nach links folgen. Nach wenigen hundert Metern biegen wir unterhalb von **Montevettolini** in einer Rechtskurve des Sträßchens links ab und steigen steil auf zum Ortsrand des auf einer Bergkuppe angelegten und befestigten Dorfs.

Durch die **Porta Barbacci** betreten wir den Ort und gelangen durch enge, gepflasterte Gassen hoch zum

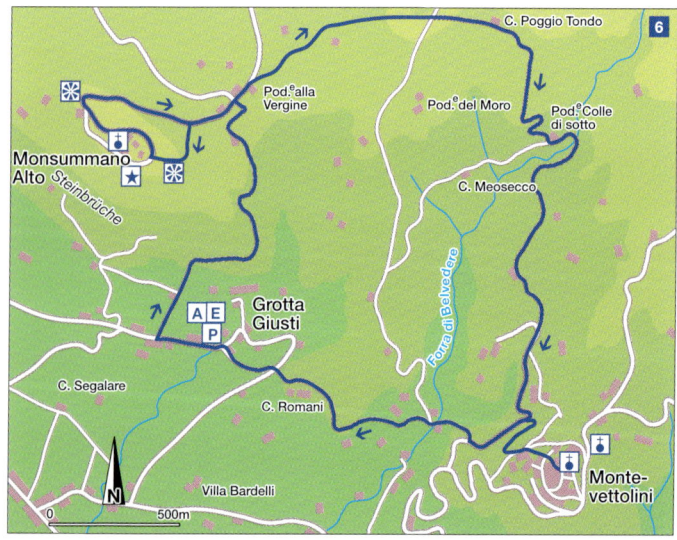

6 Oberhalb des Tals Valdinievole

Zentrum des Orts, der kleinen **Piazza Bargellini** mit der Kirche **San Michele**.

Wieder durch die *Porta Barbacci* verlassen wir Montevettolini und kehren zu dem Sträßchen zurück. 50 m nach *links*, dann verlassen wir das Sträßchen nach *rechts* und steigen in das Tal des Baches Belvedere hinunter, den wir auf einer Fußgängerbrücke überqueren. Wir folgen *hangaufwärts* entlang dem Zaun eines Anwesens einem Fahrweg, der in ein Sträßchen einmündet. Nach *rechts bergauf* gelangen wir auf einem Hügelrücken an eine Gabelung. Wir halten uns links auf der *Via dei Romani* und biegen nach 250 m in einer scharfen Rechtskurve des Sträßchens links ab auf einen *Feldweg*. Nach nur 25 m folgen wir einem rechts bergab führenden Weg nach Monsummano Terme und kehren zu unserem Ausgangspunkt zurück.

Informationen zur Tour

■ Ausgangsort

Monsummano Terme (Prov. Pistoia), Städtchen 5 km südöstlich von Montecatini.

■ Anfahrt

PKW: A 11, Florenz – Lucca, Ausfahrt Montecatini und 2 km nach Monsummano Terme; der Ausschilderung »Grotta Giusti« folgen; ein Parkplatz befindet sich am Ende der Via Grotta Giusti neben einem Restaurant.
Zugverbindung: Florenz – Lucca/Viareggio; vom BHF in Montecatini Bus (Lazzi) nach Grotta Giusti; werktags mehrmals täglich.

■ Unterkünfte

- Hotel Grotta Giusti (****), Tel. 05 72/5 11 65; Kurhotel in großem Park; am Ausgangspunkt.
- Hotel La Speranza (**), Tel. 05 72/5 13 13; am Ausgangspunkt.
- Campingplatz Belsito, Via delle Vigne 1, Vico, Tel. 05 72/6 73 73; 8 km nordwestlich von Monsummano.

■ Einkehrmöglichkeiten

In Montevettolini an der Piazza Restaurant San Michele mit Tischen im Freien (Mi geschl.); gleich daneben ist eine Pizzeria.

■ Auskunft

Azienda di Promozione Turistica, Viale Verdi, 66, 51016 Montecatini Terme, Tel. 05 72/77 22 44.

■ Karte

Area protetta del Montalbano – carta turistico-escursionistica, 1:25 000.

7 Von Péscia nach Collodi

Ursprüngliches Bergdorf und zwei Parkanlagen

km
9

Etappen
4

Stunden
3,5

Höhenunterschied
480

Etappen
Péscia – Collecchio 1,5 km – Collodi 5 km – Pinocchio-Park 1 km – Bushaltestelle 1,5 km

Tourencharakter
Streckenwanderung in stark gegliederter Hügellandschaft mit langem Anstieg durch Olivenhaine und bewaldetes Berggebiet

Sehenswertes am Weg
Mittelalterliches Péscia; malerisches Bergdorf Collodi mit Burgruine; Gartenanlage der Villa Garzoni; Pinocchio-Park

Wegmarkierung
Zwar durchgängig, aber nur sporadisch markiert mit weiß-rotem Querbalken, Nr. 466

→ Vom Parkplatz an der *Via A. Nieri* in **Péscia** gehen wir zur *Brücke*, vorbei an der Kirche **San Francesco**, im 14. Jh. im gotischen Stil erbaut. Sehenswert ist ein Gemälde (1235), das den Heiligen Franz von Assisi zeigt.

Wir überqueren den **Torrente Péscia di Péscia**, der die Stadt in zwei Stadtteile aufteilt: in den östlichen, »sakralen« Teil mit dem Dom – Péscia ist seit 1726 Bischofssitz – und den westlichen, »weltlich«-orientierten Teil. Auf der *Via Pacini*, dann der *Via Cairoli* gelangen wir nach links zum langgestreckten Marktplatz, der **Piazza Mazzini (Piazza Grande)**.

An seinem oberen Ende steht der **Palazzo dei Vicari** (13./14. Jh.), heute Rathaus, mit Wappen der einstigen Stadtoberhäupter. Dicht gedrängt umstehen Häuser und Palazzi aus dem 14.–19. Jh. den hübschen Platz.

Am südlichen Ende wenden wir uns vor dem Renaissancekirchlein **SS. Pietro e Paolo** (1447) mit barockisiertem Innenraum und Fresken (15. Jh.) nach rechts in die *Ruga degli Orlandi*, nach links zur winzigen *Piazza del Pesce* und wieder nach rechts in die *Via del Diaccia*. Nach 30 m folgen wir am Gebäude Nr. 44 einem *links* abzweigenden Pflasterweg (*rot-weiße Markierung*), biegen kurz darauf *links* ab auf ein steil ansteigendes Sträßchen und erreichen den Stadtrand.

Hier passieren wir die unterhalb der Straße stehende Ruine eines Turms der einstigen Stadtmauer und stoßen nach einer weitgeschwungenen *Linkskurve* auf eine schmale Straße, von der aus die Dächer zahlreicher *Gewächshäuser* zu sehen sind – Péscia ist ein Zentrum der Blumenzucht. Unmittelbar vor dieser Straße zweigt *rechts* ein asphaltierter Fahrweg ab, der auf den Hang zuführt. Nach gut 100 m, direkt nach einer Hauszufahrt, folgen wir einem steil ansteigenden *Hohlweg* zwischen den mit Olivenbäumen bepflanzten Terrassen zur **Kirche** und zu den wenigen Häusern von **Collecchio**.

Nach Überqueren der Straße steigen wir weiter steil auf und stoßen wieder auf die zuvor überquerte Straße, die bergauf um einen Taleinschnitt herumführt und an einem eingezäunten Anwesen endet. Auf dem weiterführenden Fahrweg passieren wir ein *Gehöft* und gelangen zu einer Weggabelung am Waldrand. Dieser *Panoramaweg* – **Blick** auf die fruchtbare Ebene **Padule di Fucécchio** – gabelt sich nach einigen hundert Metern. Wir folgen dem nach *rechts* steil ansteigenden Weg am Hang des bewaldeten **Monte Battifolle** zu einer weiteren Gabelung, an der wir uns geradeaus halten und schließlich auf einen querlaufenden *Forstweg* stoßen.

Von diesem höchsten Punkt der Tour (ca. 450 m) folgen wir dem Weg nach links in den Taleinschnitt des **Rio Dilezza** hinab und steigen am anderen Talhang zu einem breiten *Forstweg* an. Entlang der Hangkante gehen wir talauswärts stetig *bergab* und gelangen auf die Westseite des Hügelrückens. In Kurven führt der Weg zwischen Weinfeldern und Olivenbäumen zu den ersten Häusern von **Collodi** hinunter. Wenige Meter nach rechts auf der Straße, dann nach links entlang der Mauer einer *Burgruine*, und wir betreten das alte Collodi, ein verwinkeltes Bergdorf, in dem steile Treppen die einzigen Verbindungswege sind. An der höchsten Stelle steht die **Ruine der mittelal-**

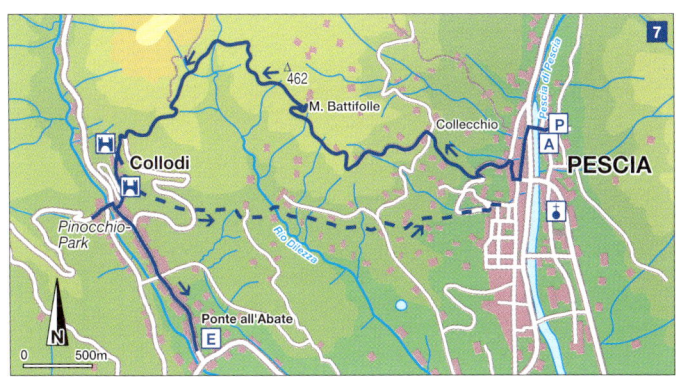

terlichen Burg und die Kirche **San Bartolomeo** (13. Jh., jedoch mehrfach verändert). Von dort zieht sich das Dorf den schmalen Bergrücken hinunter, eine strategisch günstige Lage, die im Mittelalter dazu führte, daß sowohl Lucca als auch Florenz an Collodi interessiert waren und es umkämpften.

Am Dorfende folgen wir nach *rechts* einem Fußweg zum Eingangstor der **Villa Garzoni** hinunter, einer im 17. Jh. erbauten mächtigen Villa, die heute leider zu verfallen scheint. Zugänglich jedoch ist der Garten, der zeitgleich mit der Villa angelegt wurde und als Musterbeispiel für eine **barocke Gartenanlage** gilt.

Tiefer am Hang gabelt sich der Pflasterweg an der Umfassungsmauer der Gartenanlage der Villa Garzoni. Wir halten uns rechts und erreichen die **Piazza C. Collodi**. Nur 25 m zur Linken befindet sich der Eingang zum Garten. Von der Piazza nach rechts über den Fluß gelangen wir zum **Parco di Pinocchio**. Den Namen des Ortes verwendete der Schriftsteller **Carlo Lorenzini** (1826–1890), der hier seine Jugend verbrachte, als Pseudonym für sein Kinderbuch »Pinocchio«, das die Abenteuer einer zum Leben erwachten Holzpuppe schildert. Szenen aus diesem Buch sind im **Parco di Pinocchio** dargestellt.

Wir kehren zur *Piazza C. Collodi* zurück und folgen nun talabwärts 1,5 km weit der ruhigen *Via provinciale delle Cantiere*, die diesen Ortsteil von Collodi mit dem an der Durchgangsstraße Lucca – Pistoia gelegenen Ortsteil verbindet. In einem *Tabacchi* an der durch eine Ampel geregelten Einmündung dieser Straße in die Durchgangsstraße sind die Busfahrkarten erhältlich, 30 m links des Tabacchi befindet sich die Bushaltestelle.

Der Bus fährt zur Bus-Endstation auf der **Piazza XX. Settembre** nahe der *Piazza Mazzini in Péscia*.

Einer der berühmtesten Gärten Italiens ist die zur Villa Garzoni gehörende Anlage mit ihren Statuen und Wasserspielen.

Informationen zur Tour

■ **Ausgangsort**

Péscia (Prov. Pistoia), Kleinstadt 8 km westlich von Montecatini.

■ Anfahrt

PKW: Von Lucca auf der SS 435 in Richtung Montecatini 15 km bis Péscia; Parkplätze nahe der Kirche S. Francesco in der Via A. Nieri (östliches Flußufer).
Zugverbindung: Von Florenz in Richtung Lucca/Viareggio; vom außerhalb gelegenen BHF Péscia per Bus (Clap) ins Zentrum zur Piazza XX. Septembre; alle 30 Min.

■ Zielort

Collodi, Bergnest 5 km westlich von Péscia.

■ Rückfahrt

Bus Lucca – Péscia, Haltestelle an der Durchgangsstraße 435; Abfahrten gegen 15 und 17 Uhr; Bus fährt über BHF Péscia; Dauer 10 Min.

■ Unterkünfte

- Hotel dei Fiori (***), Via 8. Septembre, Tel. 05 72/47 78 71; In Péscia im Stadtteil westlich des Flusses.
- Campingplatz s. Tour 6.

■ Einkehrmöglichkeiten

- In Collodi Bars und Pizzerias an der Piazza Collodi.
- Osteria del Gambero Rosso, am Parco di Pinocchio (Mo abend, Do geschl.), modernes Lokal.
- In Péscia u. a. Ristorante La Buca an der Piazza Mazzini (Do geschl.), traditionelles Lokal.

■ Öffnungszeiten

- Giardino di Collodi, 8-20 Uhr; falls Tor geschlossen, klingeln!
- Parco di Pinocchio, täglich 8.30 Uhr – Sonnenuntergang.

■ Auskunft

Ufficio Turismo, im Rathaus, 51017 Péscia, Tel. 05 72/49 20.

■ Karte

Carta dei sentieri e rifugi, 1:25000, Blatt 21/22, Appennino Toscoemiliano.

■ Variante

Von Collodi zu Fuß zurück nach Péscia (Tourlänge dann 12 km, Gehzeit 4,5 Std.). In Collodi halten wir uns unterhalb der Villa Garzoni an der Weggabelung vor der Umfassungsmauer des Gartens der Villa Garzoni nach links und stoßen an der rückseitigen Gartenmauer auf einen querlaufenden Weg (*rotweißer Querbalken, Nr. 460*), dem wir nach rechts folgen über die Ausläufer des Monte Battifolle. In Péscia halten wir uns auf der Via Libero Andreotti nach links zur Piazza Mazzini.

8 Durch die Stadt Lucca

Enge Gassen, romanische Kirchen

km	5
Etappen	7
Stunden	ca. 4
Höhenunterunterschied	20

Etappen
Bahnhof Lucca – S. Frediano 1,8 km – Anfiteatro 0,1 km – Porta S. Jacopo 1,1 km – Madonna della Stellario 0,4 km – Palazzo Guinigi 0,3 km – Dom 0,4 km – Bahnhof 0,5 km

Tourencharakter
Bequemer Stadtrundgang ohne Steigung.

Sehenswertes am Weg
Vollständig erhaltene Stadtbefestigung, zahlreiche Palazzi und Kirchen, u.a. S. Michele, S. Frediano, S. Martino

Wegmarkierung
Keine

➡️ Vom **Bahnhof Lucca** folgen wir nach links der Altstadtumgehung zum Stadttor **Porta San Pietro**, durch das wir die **Altstadt** betreten, die von einer aus Ziegeln errichteten und vollständig erhaltenen **Stadtmauer** (16.–17. Jh.) umgeben ist: 12 m hoch, über 4 km lang, mit 11 Bastionen und 6 Stadttoren. Um 1830 wurden die Wälle in Parkanlagen umgewandelt.

Auf der *Via F. Carrara* wenden wir uns zunächst nach links und gelangen nach rechts auf der *Via Vittorio Veneto* zum **Palazzo Ducale** (16. Jh.) an der von Platanen gesäumten **Piazza Napoleone**. Geradeaus weiter erreichen wir die **Piazza San Michele** mit dem **Palazzo Pretorio** (15./16. Jh.) mit Loggia, einst Amtssitz des Stadtregiments, sowie der Kirche **San Michele in Foro**.

Wo sich zu Römerzeiten das Forum befand, steht heute die weiße Kirche (12.–14. Jh.) mit ihrer auffälligen fünfgeschossigen Fassade. Beachtenswert sind die Säulen, jede individuell gestaltet. Im Inneren der Kirche blieb der romanische Charakter weitgehend erhalten. Besondere Kunstwerke sind eine **Madonna von della Robbia** (rechter Seitenaltar) und ein **Tafelbild** von Filippo Lippi (linkes Querschiff).

Auf der links abzweigenden *Via di Poggio* passieren wir Haus Nr. 28, das **Geburtshaus von Giacomo Puccini** (1858–1924), einem der bedeutendsten italienischen Opernkomponisten, und ein **Puccini-Denkmal** auf der winzigen **Piazza Citadella**, ehe wir, leicht nach rechts, in der *Via del Toro* den **Palazzo Mansi** (17. Jh.) erreichen, heute eine staatliche Galerie, in der vor allem Bilder aus der Renaissance gezeigt werden.

Nach rechts, gleich darauf wieder rechts durch die *Via Santa Giustina*, dann an der zweiten Linksabzweigung, der *Via del Loreto*, gelangen wir zur Kirche **Santa Maria Corteorlandini** (ursprünglich 12. Jh., jedoch umfassende Veränderung im 18. Jh.) und, geradeaus weiter, zur Kirche **San Agostino** (14. Jh.). Nun wenden wir uns nach rechts, passieren in der *Via S. Sebastiano* den **Palazzo Pfanner** (17. Jh.) und erreichen, nach links in der *Via G. Battisti*, die Kirche **San Frediano** mit ihrem großflächigen Giebelmosaik.

Die heutige Form der Kirche **San Frediano** entstand im 12. Jh. bei einer vollständigen Erneuerung des im 6. Jh. gegründeten Vorgängerbaus.

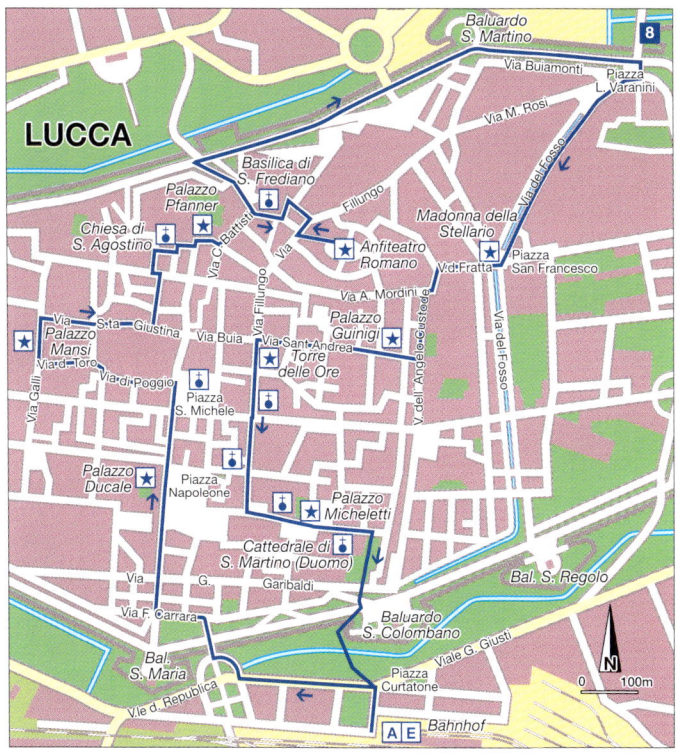

Beachtenswert ist vor allem das große, mit Reliefdarstellungen außergewöhnlich geschmückte Taufbecken (rechtes Seitenschiff) aus der Mitte des 12. Jh.

Über die *Piazza S. Frediano*, kurz nach rechts und links durch einen Hausdurchgang kommen wir zur **Piazza Mercato**, einem ovalen Platz, zur Römerzeit das außerhalb der befestgten Siedlung gelegene Amphitheater (1. Jh. v. Chr.).

Auf demselben Weg gehen wir zurück, wieder an der Längsseite von *S. Frediano* entlang und nach rechts zur **Stadtmauer**. Von der Mauerkrone ist ein **Blick** möglich in den mit Statuen geschmückten *Garten* des *Palazzo Pfanner*. Der *Allee* folgen wir, mit **Ausblick** auf einige Gipfel des Bergmassivs **Montalbano**, nach *rechts*. An der *Porta S. Jacopo*, unmittelbar vor der übernächsten Bastion, verlassen wir die Stadtmauer und folgen der *Via del Fosso* entlang eines kanalisierten Wasserlaufs zur Säule der *Madonna della Stellario*.

Durch die breite *Via D. Fratti* nach rechts, dann links durch die *Via dell'Angelo Custode* und auf der zweiten rechts abzweigenden Straße, *der Via Sant`Andrea*, passieren wir den **Palazzo Guinigi** mit seinem beeindruckend hohen **Turm** (14. Jh.), der als einziger der einst zahlreichen Geschlechtertürme erhalten blieb und auf dessen Dach Steineichen wachsen (Besichtigung möglich).

Der querlaufenden **Via Fillungo**, der wichtigsten Einkaufsstraße, folgen wir nach links, vorbei am **Torre delle Ore** und an den Kirchen **San Cristoforo** und **San Giusto** (12. Jh.) zur **Piazza San Giovanni**. Linkerhand der **Palazzo Micheletti** und die Kirche **San Giovanni**, erbaut im 12. Jh. und im 17. Jh. vollständig umgebaut. Rechts die Domkirche **San Martino**.

Ältester Teil des Doms ist die Fassade aus dem 12. Jh. Der Kirchenraum wurde rund 100 Jahre später

„Campanile" werden die freistehenden Glockentürme genannt, die bei frühmittelalterlichen Kirchen - hier S.Frediano - üblich sind.

im gotischen Stil fertiggestellt. Unter den Kunstwerken verdienen vor allem die folgenden Beachtung: die Marmorgruppe »Der heilige Martin und der Bettler« vom Anfang des 13. Jh. (rechts des Eingangs); Tintorettos »Abendmahl« von 1590 (rechtes Seitenschiff); das Grabmal der jungen Ilaria del Carretto, Anfang des 15. Jh. geschaffen von Jacopo della Quercia (linkes Querschiff); das hölzerne Kruzifix »Volto Santo« (vermutlich 11. Jh.).

Wir gehen um die Kirche San Martino herum und nach rechts durch eine *Grünanlage* auf die Stadtmauer zu, wo eine Passage durch die Befestigung zur **Altstadtumgehung** und zum **Bahnhof** führt.

Informationen zur Tour

■ Ausgangsort

Bahnhof in Lucca (Prov. Lucca).

■ Anfahrt

PKW: A 11, Florenz – Pisa, Ausfahrt Lucca; Parkmöglichkeiten in Bahnhofsnähe entlang der Stadtmauer. *Zugverbindung:* Von Florenz mehrmals täglich, Dauer 1 Std. 10 Min. *Bei Anfahrt mit Bus:* Bis zum Busbhf. am Piazzale G. Verdi am westlichen Rand der Altstadt; dann beginnt die Tour am Palazzo Mansi.

■ Unterkünfte

- Mehrere Hotels, u. a. Piccolo Hotel Puccini (***), Via di Poggio, 9, Tel. 05 83/5 54 21; beim Dom.
- Privatzimmer: Catastini Mirella, Viale Cavour, 38, Tel. 05 83/ 49 26 73; in Bahnhofsnähe.
- JH: Il Serchio, Via del Brennero, 673, Salicchi, Tel. 05 83/34 18 11; geöffnet Mitte März–Mitte Okt.; am nördlichen Stadtrand.

■ Einkehrmöglichkeiten

- Zahlreiche Straßencafés und Restaurants.

■ Öffnungszeiten

- Casa natale di Giacomo Puccini, Okt. – März täglich außer Mo 11–13 und 15–17, April – Sept. bis 18 Uhr.
- Palazzo Mansi, Museo e pinacoteca nazionale, Do–Sa 9–19, So 9–14 Uhr.
- Torre Guinigi, März – Sept. 9–19.30, Okt. 10– 18, Nov. – Febr. 10–16.30 Uhr.

■ Auskunft

Informazioni Turistiche, Piazza le Verdi, 55100 Lucca, Tel. 05 83/ 41 96 89.

■ Karte

Stadtplan Lucca.

9 Im oberen Arnotal

Bibbiena und Poppi – zwei idyllische Städtchen

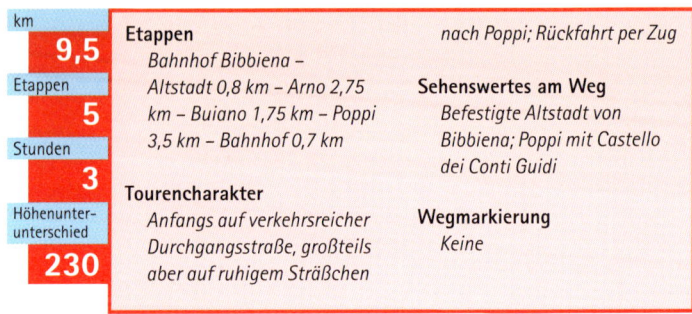

km	
9,5	
Etappen	
5	
Stunden	
3	
Höhenunterschied	
230	

Etappen
Bahnhof Bibbiena – Altstadt 0,8 km – Arno 2,75 km – Buiano 1,75 km – Poppi 3,5 km – Bahnhof 0,7 km

Tourencharakter
Anfangs auf verkehrsreicher Durchgangsstraße, großteils aber auf ruhigem Sträßchen nach Poppi; Rückfahrt per Zug

Sehenswertes am Weg
Befestigte Altstadt von Bibbiena; Poppi mit Castello dei Conti Guidi

Wegmarkierung
Keine

➡ Vom **Bahnhof Bibbiena** gehen wir auf die Stadt zu, überqueren die Durchgangsstraße und steigen auf der Zufahrt zur **Altstadt** 250 m weit an, ehe wir links abbiegen auf die *Via Colombaia*. Diese steigt steil an und mündet in die *Piazza G. Matteotti*. Geradeaus folgen wir der *Via Dovizi* in die ruhige Altstadt und passieren den **Palazzo Dovizi** (Haus Nr. 26) sowie die Kirche **San Lorenzo**, in der sich zwei Terrakotta-Kreuzigungsszenen aus der Werkstatt della Robbia befinden. Auf der **Piazza Roma** wenden wir uns nach links zur **Piazza Pier Sccolini Tarlati** mit Loggia und Uhrturm, dem Überrest der mittelalterlichen Festung; zur Rechten die Kirche **SS. Ippolito e Cassiano**, eine ursprünglich romanische Kapelle.

Von einer **Aussichtsplattform** am Rand des Platzes führen Treppenstufen zu einer Straße hinunter. 30 m nach rechts und weiter über Treppen zur *Via della Stazione*. Auf ihr halten wir uns *rechts*, nach 30 m an einer Straßengabelung *links* (Ausschilderung: Arezzo) und nach 200 m in einer Linkskurve der Straße geradeaus. Während nach 100 m die *Via Bosco casina* links abknickt, folgen wir nach rechts einem Fußweg hinunter zur *Durchgangsstraße SS 71*.

Nach rechts gelangen wir zu einer Brücke, biegen unmittelbar danach *links* ab auf die *SS 70* und erreichen eine Straßenkreuzung. Nach *links* folgen wir einer ruhigen Straße in *Richtung Ortignano*, überqueren eine Bahnlinie, dann den *Arno* und biegen am Fluß des Talhangs rechts ab auf einen Fahrweg. Dieser führt schnurgerade hinauf zu einer am Hang verlaufenden Straße.

Nach *rechts* passieren wir auf der ruhigen Straße den **Weiler Buiano**

9 Im oberen Arnotal

mit der Ruine der romanischen Kirche **Santa Maria**, erreichen das auf einem Hügel sitzende Poppi, und steigen steil hoch zur befestigten Altstadt. Durch die **Porta Santidi Cascese** gelangen wir auf die **Piazza A. Gramsci** mit ihren Bogengängen, den »Portici«, für die Poppi bekannt ist. Auf der rechts abzweigenden *Via Morandini* erreichen wir das **Castello dei Conti Guidi**.

In dem massigen Bau residierten zwischen dem 13. und 15. Jh. die Grafen Guidi. Eine Besichtigung lohnt wegen des Innenhofs sowie wegen der Bibliothek und der Kapelle (Fresken 14. Jh.) Von der Burg folgen wir der *Via Conti Guidi* zur **Piazza Soldani** mit einem barocken **Oratorium** und der Kirche **San Marco** (beide 17. Jh.). Durch die beidseitig von Arkaden gesäumte *Via Cavour* gelangen wir zur Kirche **San Fedele**, einer ehemaligen Klosterkirche (13. Jh.).

Nach rechts verlassen wir die Altstadt und steigen hinunter zum *Arno* und zur Unterstadt **Ponte a Poppi.** Geradeaus über einen Platz und auf der Durchgangsstraße nach links gelangen wir zum **Bahnhof**. Per Bahn zurück nach Bibbiena.

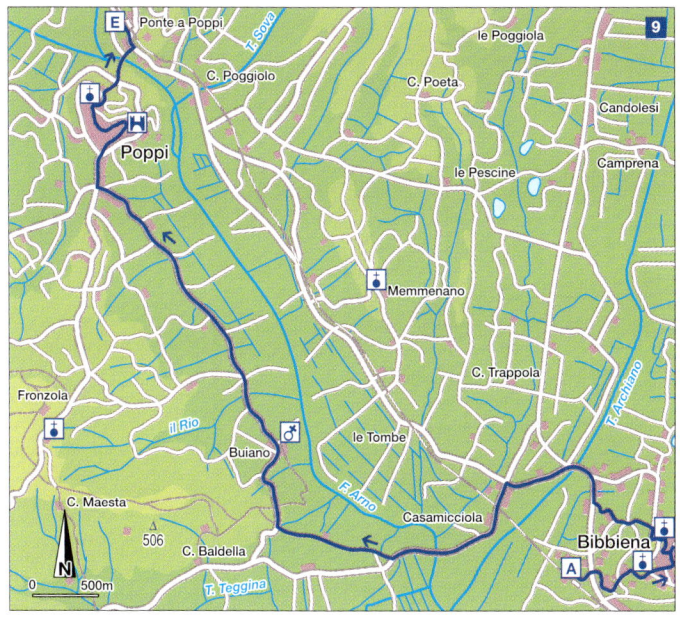

Informationen zur Tour

■ Ausgangsort

Bibbiena (Prov. Arezzo).

■ Anfahrt

PKW: Von Florenz auf der SS 67 und SS 70 in Richtung Arezzo bis Bibbiena; Parkplatz am Bahnhof.
Zugverbindung: Florenz – Arezzo, dort umsteigen nach Bibbiena.
Bus: **(SITA)** Florenz – Bibbiena.

Von der Hauptstraße in Poppi, der Via Cavour, gehen schmale, dunkle Gassen ab.

■ Zielort

Poppi, Städtchen im Arno-Tal.
Rückfahrt: Per Zug, Dauer 10 Min.; nachmittags alle 1–1.30 Std., letzter Zug gegen 19.30 Uhr.

■ Unterkünfte

- Hotel Borgo Antico (***), Via B. Dovizi, 18, Tel. 05 75/53 64 45; in der Altstadt von Bibbiena.
- Campingplatz Fonte del Menchino, in Camaldoli, Str. dell'Eremo, Tel. 05 75/55 61 57; 10 km nordöstlich von Poppi.

■ Einkehrmöglichkeiten

- Bars in Bibbiena und Poppi.
- Ristorante Casentino mit schattigem Garten, gegenüber der Burg.

■ Öffnungszeiten

Castello dei Conti Guidi in Poppi, täglich außer Mo 9.30–12.30 und 14.30–17.30 Uhr.

■ Auskunft

Azienda Autonoma di Siggiorno, Via Berni, 29, 52011 Bibbiena, Tel. 05 75/59 30 98.

■ Karte

Carta dei sentieri e rifugi, 1:25 000,
Blätter 31/32 und 33/35.

10 Stadtrundgang in Arezzo

Kulturzentrum im Mittelalter

km	4
Etappen	8
Stunden	1,5
Höhenunterunterschied	50

Etappen
Parkplatz – Basilica di S. Fran-cesco 1,2 km – Kirche S. Domenico 0,9 km – Dom 0,5 km – Festung Medicea 0,4 km – Piazza Grande 0,25 km – Amphitheater 0,8 km – Bahnhof 0,5 km – Parkplatz 0,5 km

Tourencharakter
Mit geringer Steigung durch die am Hang des Arnotals gelegene Stadt
Sehenswertes am Weg
Basilica di S. Francesco, Casa dei Vasari, Kirche S. Domenico, Dom, Fortezza Medicea, Logge dei Vasari, Reste eines röm. Amphitheaters

➡ Vom Parkplatz an der **Via B. Rossellini** betreten wir die **Altstadt** und folgen der *Via Francesco* zur **Piazza Guido Monaco**. Von dort gehen wir auf der *Via G. Monaco* zur *Via Cavour* und **Piazza S. Francesco** mit der **Kirche** gleichen Namens. Unbedingt anzusehen sind die Fresken von Piero della Francesca.

Der *Via Cavour* folgen wir nach links, passieren zwei Kirchen und wenden uns am Ende der Straße wenige Meter nach links. Wir erreichen in der rechts abzweigenden *Via XX. Settembre* die **Casa dei Vasari**, die der Maler Giorgio Vasari (1511–1574) teilweise ausmalte (heute Museum).

Die *Via S. Domenico* bringt uns nach rechts zur Kirche **San Domenico** (13. Jh.). Sehenswert: Fresken (14./15. Jh.) sowie ein Kruzifix (um 1260) von Cimabue.

Entlang der **Stadtmauer** steigen wir zum **Stadtpark** an und gehen nach rechts zum **Dom**. Begonnen wurde mit dem Bau im Jahr 1277, doch noch zu Beginn des 20. Jh. wurden größere Veränderungen vorgenommen. In der Kirche zahlreiche Kunstwerke, so das spätgotische Grabmal des hl. Donatus, ein Fresko von Piero della Francesca (linkes Seitenschiff), die Orgelempore von Giorgio Vasari (1535).

Vom Dom kehren wir zur Parkanlage zurück, passieren ein Denkmal für den aus Arezzo stammenden Dichter **Petrarca** (1304–1374) und betreten die **Fortezza Medicea** (16. Jh.). Von der Mauerkrone bieten sich **Ausblicke** auf die **Stadt** und das **Arno-Tal**.

Von der Festung gehen wir nach links, überqueren die Viale Bruno und gelangen über Treppenstufen

10 Stadtrundgang in Arezzo

auf die malerische **Piazza Grande**, die umrahmt ist von hohen Bürgerhäusern, der Kirche **Santa Maria** – die älteste Kirche der Stadt (13. Jh.) – und den **Logge del Vasari** (16. Jh.).

Auf der *Via Borgunto*, dann der *Via sotto la Volta* gehen wir weiter, rechts durch das Sträßchen *Oberdan* nach links durch die *Via della Madonna*, und stoßen auf die Kirche **Sant' Agostino**. Wir überqueren die *Piazza Sant'Agostino* und gelangen durch die *Via Margaritone* an die breite *Via Francesco Crispi*. Links die Ruine des römischen **Amphitheaters** (2. Jh. n. Chr.).

Für einen Besuch des Archäologischen Museums kehren wir auf der *Via F. Crispi* zurück zur *Via Margaritone* und gelangen auf ihr nach links zum Eingang. Sehenswert: etruskische Terrakotta-Reliefs und Vasen.

Geradeaus weiter auf der *Via Margaritone* stoßen wir auf eine **Grünanlage**. Nach rechts folgen wir ihr zum Bahnhofsvorplatz und geradeaus durch die *Via Frà Guittone* zurück zu unserem Ausgangspunkt.

10 Stadtrundgang in Arezzo

Informationen zur Tour

■ Ausgangsort

Arezzo, Provinzhauptstadt im Nordosten der Toskana.

■ Anfahrt

PKW: A 1, Florenz – Rom, Ausfahrt Arezzo; Parkplätze an der Altstadtumgehung Via B. Rossellini.
Zug- und Bus: Von Florenz.

■ Unterkünfte

In Arezzo mehrere Hotels, u. a.
- Hotel Etrusco (****), Via Fleming, 39, Tel. 05 75/98 40 67.

■ Einkehrmöglichkeiten

Mehrere Bars und Restaurants, u. a.
- Buca di S.Francesco neben der Kirche S. Francesco.

■ Öffnungszeiten

- S.Francesco, durchg. geöffnet.
- S. Domenico, 7–12 und 15.30–18.
- Festung Medicea, im Sommer 7–20.30, im Winter 7–17 Uhr.
- Archäologisches Museum, werktags 9–14, So 9–13 Uhr.

■ Auskunft

Ufficio Turistico, Piazza della Repùbblica, 52100 Arezzo, Tel. 05 75/2 39 52; am Bahnhof.

Kübelpflanzen, wie hier am einladenden Eingang eines Cafés, sind in den engen Gassen der Städte oft das einzige Grün.

11 Im Val di Greve

Weinfelder, Landgüter, malerisches Dorf

km 7,5
Etappen 5
Stunden 2,5
Höhenunterunterschied 230

Etappen
Greve – Fattoria Zano 2,5 km – S. Cresci 1 km – Montefioralle 2 km – Greve 2 km

Tourencharakter
Aus dem Greve-Tal über Hügelrücken, die ein Hochtal umschließen. Langer Anstieg, ebensolcher Abstieg; je zur Häfte auf Fahrweg und Sträßchen.

Sehenswertes am Weg
Hübscher Marktflecken Greve; romanische Kirche S. Cresci; befestigtes Dorf Montefioralle

Wegmarkierung
Streckenweise gelbes Dreieck

→ Vom Parkplatz an der **Via C. Battista** in **Greve** – gleich am Parkplatz im **Palazzo della Torre** das **Touristeninformationsbüro** – überqueren wir zunächst die Brücke über das Flüßchen **Greve**, dann die Durchgangsstraße *Via Vittorio Veneto* und gelangen in das Ortszentrum zur von Loggien umrahmten **Piazza G. Matteotti**.

Bekannt ist Greve nicht wegen herausragender Kunstwerke, sondern wegen dieses hübschen Marktplatzes, auf dem schon seit dem Mittelalter Märkte und Messen abgehalten werden. Jeden Samstag strömen nach wie vor die umliegenden Anwohner zum Markt, und im September findet hier die wichtigste **Weinmesse** innerhalb des Chianti-Gebiets statt.

Entwickelt hat sich die Siedlung erst im 13./14. Jh., als es in dem befestigten Bergdorf Montefioralle zu eng wurde und einige Bewohner ins Tal zogen. Auf halbem Weg zwischen Florenz und Siena gelegen, wuchs es zu einem wichtigen Marktort heran, dessen älteste Häuser deshalb um den **Marktplatz** zu finden sind. Dort steht auch die Kirche **San Croce** (Ende des 19. Jh. umgebaut) mit einem sehenswerten **Triptychon** (15. Jh.).

Nach rechts folgen wir der schmalen *Via Roma*, in ihrer Fortsetzung der *Via D. Giuliotti* zur **Piazza Trento** (Bushaltestelle). Wir gehen geradeaus weiter entlang des Flusses in der *Via 1. Maggio*, überqueren die Durchgangsstraße und biegen nach 50 m von der *Via Colognole* links ab (*Ausschilderung: Pieve*

S. Cresci). Auf einem ruhigen Sträßchen, das am Ortsrand in einen breiten Fahrweg übergeht, steigen wir auf einem schmalen Hügelrücken einige hundert Meter weit steil an und passieren den von Zypressen umstandenen Gebäudekomplex des **Weinguts Zano**, nach wenigen Metern eine links des Wegs stehende **Kapelle**. Mit **Blick** auf das befestigte Dorf **Montefioralle** und, nach Norden, auf das **Weingut Colognole** steigen wir zwischen Olivenbäumen und Weinfeldern weiter leicht an zur Kirche **San Cresci**, eine der schlichten romanischen Kirchen, die im 10./11. Jh. auf dem Land entstanden. Diese, eine der ältesten des Chianti-Gebiets, steht inmitten eines Gehöfts, in dem Wein und Olivenöl gekauft werden kann.

Zwischen einem kleinen *Friedhof* und einem *Teich* hindurch, dann kurzzeitig durch Wald führt der nun schmalere, kurvenreiche Weg in *südlicher Richtung* für wenige Minuten steil bergan in den Talschluß. Von hier genießen wir einen wunderbaren **Ausblick** auf **Montefioralle**, auf das fruchtbare **Greve-Tal** und einige Gipfel des **Pratomagno-Massivs**. Wir durchqueren die niedere *Talsenke* und stoßen nach kurzem Anstieg auf ein Sträßchen, das zunächst geschottert, dann asphaltiert zwischen Olivenbäumen steil bergab führt nach Montefioralle. 30 m vor einer Ampel – für die ländliche Toskana höchst ungewöhnlich – biegen wir links ab und steigen auf einem Fahrweg zu dem erhöht liegenden **Montefioralle** hoch.

Das Dorf ist ein typisches Bespiel eines mittelalterlichen »borgo«, einer Siedlung, in der der adlige Landbesitzer und die Landarbeiter innerhalb derselben Befestigungsmauern lebten. Hier in Montefioralle war dies ein doppelter Mauerring mit vier Toren, unteriridischen Vorratsräumen und Geheimgängen.

Durch einen *Torbau* betreten wir den malerischen Ort und wenden

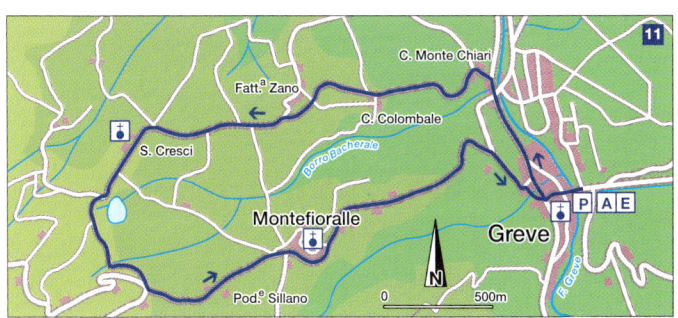

uns auf einer gepflasterten Gasse nach *rechts*. In einem Halbkreis führt diese »Hauptstraße« vorbei an Brunnen und Topfpflanzen vor den unverputzten Häusern, an Steinbänken, die den Hausfronten vorgebaut wurden, und vorbei an einer *Bar* und einem *Restaurant* zur romanischen Kirche **San Stefano**, die an der höchsten Stelle des Orts errichtet und in die Befestigungsmauer einbezogen wurde. In der ursprünglich mittelalterlichen Kirche ist eine »Madonna mit Kind und Engeln« (13. Jh.) sehenswert. Am höchsten Punkt stand ursprünglich auch ein Schloß, Residenz renommierter Adelsgeschlechter. In den kriegerischen Auseinandersetzungen zwischen Florenz und Siena wurde es jedoch geschleift.

Vom Parkplatz unterhalb der Kirche folgen wir nach *rechts bergab* der Straße in Richtung *Greve* und biegen in einer scharfen Linkskurve der Straße kurz oberhalb von Greve rechts ab auf die für den Durchgangsverkehr gesperrte *Via S. Francesco*. Auf ihr erreichen wir den Ortsrand und die *Via D. Giuliotti*. Wir halten uns zunächst rechts, wenden uns auf der *Piazza G. Matteotti* nach links in die *Via C. Battisti* und kehren zu unserem Ausgangspunkt zurück.

Informationen zur Tour

■ Ausgangsort

Greve (Prov. Firenze), Hauptort des Chianti-Gebiets.

■ Anfahrt

PKW: Auf der SS 222, Florenz – Siena (Weinstraße »Chiantigiana«) nach Greve; ausgeschilderter Parkplatz auf Höhe des Ortszentrums in der Via C. Battista (in Richtung Figline).
Bus: (SITA) von Florenz mehrmals täglich; Dauer ca. 1 Std.; letzte Rückfahrt zwischen 18 und 19 Uhr; Haltestelle an der Piazza Trento. Von Siena weniger Busverbindungen.

■ Unterkünfte

- Hotel del Chianti (***), Piazza Matteotti, 86, Tel. 0 55/85 37 63; am Marktplatz in Greve.

Seit Jahrhunderten Treffpunkt der Bevölkerung: der Wochenmarkt in Greve auf der von Arkaden gesäumten Piazza Matteotti.

- Privatzimmer Agritourist Anna, La Camporena, Via Figlinese, 27, Tel. 0 55/85 31 84; an der Straße nach Figline, ca. 3 km östlich von Greve.
- JH: Villa San Michele, Monte San Michele, Tel. 0 55/85 10 34; auf dem Monte San Michele, ca. 18 km südöstlich von Greve.

■ Einkehrmöglichkeiten

- In Montefioralle: Bar und die Taverne del Guerrino, nur Mi – So geöffnet, mit Aussicht.

- In Greve mehrere Bars und Restaurants.

■ Auskunft

Associazione Proloco, Palazzo della Torre, 50022 Greve, Tel. 0 55/85 45 25.

■ Karte

Carta dei sentieri e rifugi, 1:25 000, Blatt 43/44, Monti del Chianti – Montagnola Senese (EMF)

An der höchsten Stelle von Montefioralle steht, wie bei den im Mittelalter angelegten, befestigten Dörfern üblich, auch heute noch die Kirche.

12 Um San Gimignano

Im Bannkreis der Stadt der schönen Türme

km 9,5	
Etappen 5	
Stunden 3,5	
Höhenunterschied 220	

Etappen
Parkplatz bei S. Gimignano – Terribie-Tal 2,5 km – Fahrstraße auf Höhenrücken 1 km – Casale 4 km – S. Gimignano 1 km – Parkplatz 1 km

Tourencharakter
Stark gegliederte Hügellandschaft mit Einzelhöfen inmitten von Weinfeldern und Olivenbaum-Anpflanzungen; vorwiegend auf Fahrwegen

Sehenswertes am Weg
Befestigte Kleinstadt S. Gimignano

Wegmarkierung
Auf den ersten 3,5 km keine Markierung, dann rot-weißer Querbalken bis S. Gimignano

Besondere Ausrüstung
Proviant und Getränke mitnehmen, da unterwegs keine Einkehrmöglichkeit

→ Vom Parkplatz vor dem Kreisverkehr am Stadttor **Porta S. Giovanni** wenden wir uns auf die *Via Vecchia* (*Ausschilderung: Castelfalfi, Certaldo*), biegen nach 25 m rechts ab und folgen diesem Sträßchen, das in einen breiten Fahrweg übergeht, zwischen Weinfeldern und Olivenbäumen hinunter in das Tal des Baches **Terribie**.

Im Tal stoßen wir auf die stark befahrene Straße *S. Gimignano – Poggibonsi*, überqueren die *Terribie-Brücke* und biegen sofort links ab auf einen *Feldweg*, der zwischen Wiesen, kurzzeitig auch durch Wald, anschließend entlang eines Weinfelds ansteigt. Wir passieren ein Anwesen und steigen nach rechts weiter an zu einem zypressengesäumten Fahrweg, auf dem wir nach links zu einer *Schotterstraße* (rot-weiße Markierung) gelangen.

Ihr folgen wir nach links in ständigem Auf und Ab auf der Scheitelhöhe eines schmalen Hügelrückens, passieren einzeln stehende *Bauernhöfe* und eine *ummauerte Villa*. Von diesem **Panoramasträßchen** aus haben wir immer wieder die eindrucksvolle Silhouette von **San Gimignano** im Blick, wegen der 13 Türme auch als »Manhattan des Mittelalters« bezeichnet. 76 solcher »Geschlechtertürme« waren es im Mittelalter, als die mächtigsten Familien versuchten, einander durch immer höhere Türme zu übertrumpfen. Daß besonders viele erhalten blieben, ist der Tatsache zu verdanken, daß die Stadt, die einst an einer wichtigen Handelsstraße lag, ihre Bedeutung

12 Um San Gimignano

verlor und verarmte, als die Straßen in die Täler verlegt wurden.

Bei den wenigen Bauernhäusern und der Kirche von **Casale** mündet der Fahrweg in eine *querlaufende Straße* ein. Auf ihr durchqueren wir nach links eine Senke und steigen zur Straße *S. Gimignano – Strada* hoch. Nach links folgen wir ihr zur **Stadtmauer** (links gehen!) und betreten San Gimignano durch die **Porta Matteo**.

In der **Via S. Matteo** – ein Abstecher gleich nach dem Stadttor nach links zur Kirche **San Agostino** (13. Jh.) ist wegen eines Freskenzyklus (15. Jh.) empfehlenswert – gelangen wir auf die **Piazza Duomo** mit der breiten Freitreppe, die zur Kirche **Santa Maria Assunta** (12. Jh., erweitert im 15. Jh.) hinaufführt. Obwohl äußerlich schlicht, birgt der eindrucksvolle Kirchenraum einige **Kunstschätze**, u. a. die Freskenzyklen (14. und 15. Jh.), die holzgeschnitzten Standbilder (um 1420) von Jacopo della Quercia, die Seitenkapelle der heiligen Fina, ausgemalt von Ghirlandaio.

Neben der Kirche zwei Museen: das **Museo Etrusco** – eine Sammlung etruskischer Urnen, Münzen usw. – und das **Museo d'Arte Sacra**, u. a. mit Skulpturen aus dem 14./15. Jh. Ebenfalls an der Piazza Duomo steht der **Palazzo Popolo** (13./14. Jh.), in dem heute sowohl das Rathaus als auch das **Museo Civico** untergebracht ist. Über einen schönen Innenhof ist das Museum – mit Sala Dante und Pinakothek mit Gemälden des 13.–15. Jh. – und auch

der Torre Grossa zugänglich, der mit 54 m der höchste der »Geschlechtertürme« war. Gegenüber der Kirche der **Palazzo Vecchio del Podestà** (13. Jh.) mit Loggia.

Von der Piazza Duomo ist ein Abstecher möglich zur **Burg Montestaffoli**, auch La Rocca genannt, die Mitte des 14. Jh. erbaut, 200 Jahre später jedoch geschleift wurde. Heute ist der letzte Wachturm ein beliebter **Aussichtspunkt**.

An die Piazza Duomo schließt sich die malerische **Piazza della Cisterna** an, in deren Mitte ein Brunnen (13. Jh.) steht und die umgeben ist von mittelalterlichen Palazzi. Durch die *Via S. Giovanni* erreichen wir, vorbei an Geschäften mit toskanischen Spezialitäten, die *Porta S. Giovanni* und kehren über den Kreisverkehr zum Parkplatz zurück.

Informationen zur Tour

■ Ausgangsort

San Gimignano (Prov. Siena), beliebtes Touristenziel, 35 km nordwestlich von Siena.

Vom Torre Grossa, mit 54 m Höhe der höchste der 13 erhaltenen mittelalterlichen Geschlechtertürme, überblickt man San Gimignano.

■ Anfahrt

PKW: Auf der SS 2, Florenz – Siena, bis Poggibonsi; Landstraße 10 km nach S. Gimignano; ausgeschilderter Parkplatz kurz vor der Stadt.
Bus: (SITA) von Florenz mit Umsteigen in Poggibonsi; mehrmals täglich; Dauer ca. 1 Std.; letzter Bus zurück gegen 20 Uhr. Bus (TRA-IN) von Siena mehrmals täglich; Dauer 70 Min.; letzter Bus zurück gegen 20 Uhr.

Detail aus dem malerischen Innenhof des Palazzo Popolo in San Gimignano.

■ Unterkünfte

- Mehrere Hotels, u.a. La Cisterna (***), Tel. 05 77/94 03 28; Piazza della Cisterna.
- Zahlreiche Privatzimmer (Verzeichnis im Touristenbüro), u. a. Bettini Aladina, Via Berignano, 51, Tel. 05 77/94 04 31; im Zentrum.
- JH: Via delle Fonti, 1, Tel. 05 77/94 19 91; nördlich der Piazza del Duomo.

■ Einkehrmöglichkeiten

In S. Gimignano mehrere Bars und Restaurants, u. a. Griglia, Via S. Matteo, 77, mit Aussichtsterrasse.

■ Öffnungszeiten

- Museo Civico und Torre Grossa, April – Sept. täglich 9.30–19.30, März/Okt. täglich außer Mo 9.30–18 Uhr, Nov./Febr. täglich außer Mo 9.30–13.30 und 14.30–16.30, Jan. geschl.
- Museo Etrusco, April – Sept. täglich 9.30–20.00 Uhr, März/Okt. täglich außer Mo 9.30–18 Uhr, Nov./Febr. täglich außer Mo 9.30–12.30 und 14.30–17.30 Uhr, Jan. geschl..

■ Auskunft

Associazione Proloco, Piazza Duomo, 1, 53037 San Gimignano, Tel. 05 77/94 00 08; ganzjährig geöffnet

■ Karte

Kompaß-Karte, 1 : 50 000, Bl. 660, Firenze – Chianti.

■ Programm für Regentage

Museen in San Gimignano (s.o.)

13 Weinstraße La Chiantigiana

Zu romanischer Kirche in Aussichtslage

Etappen
Panzano – Pieve di Panzano 2,2 km – S. Eufrosino 1,8 km – Pesa-Brücke 1,3 km – Cappella delle Grazie 3,1 km – Panzano 0,5 km – Parkplatz 0,6 km

Tourencharakter
Umrundung eines für den Weinanbau klimatisch begünstigten Talkessels mit Abstieg in das Pesa-Tal; großteils auf Fahrwegen.

Sehenswertes am Weg
Romanische Kirchen Pieve di S. Leolino und S. Eufrosino; befestigtes Dorf Panzano

Wegmarkierung
Keine; Orientierung einfach

➡ Vom Parkplatz am Ortsrand von **Campana**, einem Ortsteil von Panzano, folgen wir nach *links* der *Durchgangsstraße*, passieren die **Piazza G. Bucciarelli** und steigen nach links in der *Via XX. Luglio* zum Ortsrand an. Dort biegen wir *rechts* ab (*Ausschilderung: Villa le Barone*) auf ein Sträßchen, das am *Friedhof* vorbeiführt und nun, leicht fallend, auf einem schmalen Hügelrücken verläuft.

Mit Blick auf das Tal, das die zum Fluß Pesa hin sich senkenden Hügel begrenzen und das wegen besonders günstiger Sonneneinstrahlung als »Conca d'Oro« (Goldene Muschel) bezeichnet wird, passieren wir das *Hotel Villa le Barone* und gelangen in das malerische Dörfchen **Pieve di Panzano**, wo sich das Sträßchen an einem Bildstock gabelt. Wir halten uns rechts zur **Pieve di San Leolino**.

Die heutige Kirche wurde im 12. Jh. auf den Mauern eines bereits im Jahr 982 erwähnten Vorgängerbaus errichtet. Zeugnis dieser Zeit ist eine Sandsteinplatte mit geometrischen Motiven (vor dem Hauptaltar). Weitere Kunstwerke in dem sonst eher nüchternen Kirchenraum: ein Taufbecken (16. Jh.); ein Tryptichon (Ende 13. Jh.) des Meisters von Panzano, das die Madonna mit Kind und die hl. Katharina sowie die hl. Peter und Paul zeigt; eine Altartafel (um 1270), auf der die Madonna mit Kind von den hl. Peter und Paul eingerahmt wird, deren Legenden rechts und links dargestellt sind. Vom Kirchenraum aus ist ein kleiner Kreuzgang zugänglich. Neben der Kirche stehen Wirtschaftsgebäude, von denen aus ab dem 16. Jh. der Besitz der Kirche – 17 Bauernhöfe – verwaltet wurde.

50 m nach der Kirche folgen wir nach rechts einem *Feldweg* und biegen nach 300 m am nächsten *Gehöft* scharf *rechts* ab auf einen Fahrweg, der in die »Chiantigiana« Greve – Castellina einmündet. Dieser folgen wir nach *links* (links gehen!) 300 m weit, ehe wir rechts abbiegen auf einen Fahrweg, der zwischen Olivenbäumen und Weinfeldern zu Kirche und Gehöft **San Eufrosino** hinunterführt.

Die kleine **Kapelle** zur Linken wurde über einem romanischen Altar errichtet, an dessen Fuß eine Quelle entsprang. Angeblich hatte dieses Wasser heilkräftige Wirkung. Auch dem heiligen Eufrosino, einem vermutlich im 7./8. Jh. hier wirkenden Missionar, wurden besondere Kräfte zugeschrieben, weshalb dieser Ort von Pilgern besucht wurde. Über seinem angeblichen Grab wurde eine romanische **Kirche** erbaut, die in der Mitte des 15. Jh. zu dem heutigen Oratorio umgebaut wurde.

An der Weggabelung unmittelbar *vor der Kirche* – links die Brunnenkapelle – halten wir uns *rechts*, gehen zwischen den Gebäuden des Anwesens hindurch und gelangen nach 100 m zu einem *Bauernhaus*. Hier halten wir uns wenige Meter nach links und folgen nach rechts einem *Feldweg*, der entlang eines Weinfelds in das **Pesa-Tal** hinunterführt. Wo das Weinfeld endet, führt eine Traktorspur geradeaus weiter auf die Talsohle und mündet in einen

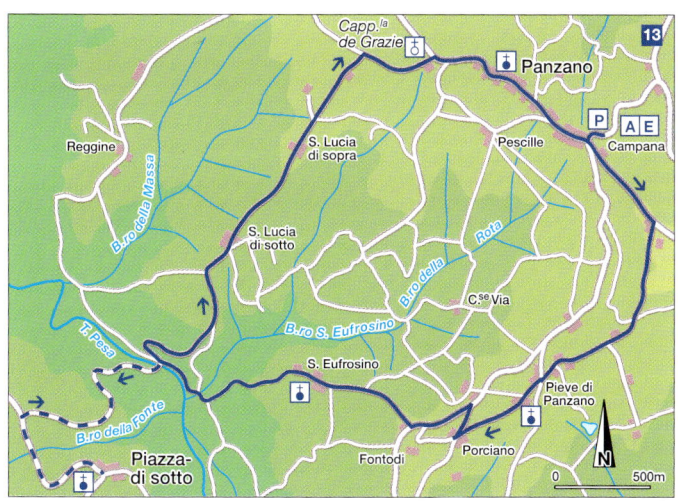

querlaufenden *Waldweg*. Wir wenden uns nach *rechts*, überqueren einen seichten *Bach* und folgen an einer Weggabelung demjenigen Weg, der entlang des Flusses Pesa verläuft. Nach wenigen Minuten stoßen wir auf einen breiten *Fahrweg*, der hier mittels einer Betonbrücke den Fluß überquert. Wir bleiben diesseits des Flusses, biegen nach 200 m scharf rechts ab und folgen dem zunächst durch niederen Mischwald, dann zwischen *Weinfeldern* steil ansteigenden Fahrweg zu einem villenartigen Anwesen, dem **Weingut Castello dei Rampolla**, (für eine Weinprobe ist einwöchige Voranmeldung nötig, Tel. 055/852001).

Von der Capella delle Grazie bietet sich ein schöner Ausblick.

Nunmehr sanfter bergauf führt der Fahrweg am ummauerten Anwesen **S. Lucia di sopra** vorbei und als Panoramaweg zwischen Weinfeldern und Olivenbäumen zu einem querlaufenden Schotterweg. Nach rechts gelangen wir auf die Scheitelhöhe eines schmalen Hügelrückens zur **Cappella delle Grazie**, von wo wir einen herrlichen Ausblick auf das im Norden sich erstreckende **Greve-Tal** genießen.

Wir kreuzen die Straße *Campana – Mercatele* und steigen auf der schattigen *Via di Pescille* entlang des einstigen Mauerrings hoch nach **Panzano**; ein malerisches Dorf, das auf dem höchsten Hügel der Gegend im 11. Jh. angelegt wurde. Trotz wiederholter Angriffe, die das befestigte Dorf als äußerstes Bollwerk von Florenz in den Kriegen (13.–15. Jh.) gegen Siena zu erdulden hatte, sind Teile der einstigen Befestigung erhalten: der Bergfried, Teile des Mauerrings, einer der Ecktürme. Dieser wurde umfunktioniert in den Glockenturm der Kirche **Santa Maria Assunta**, an der Stelle einer mittelalterlichen Kirche erbaut. Vom Vorgängerbau erhalten sind u.a. eine Tafel der Sieneser Schule (14. Jh.) und eine »Verkündigung« von Ghirlandaio (15. Jh.).

Nach rechts folgen wir der *Via G. Daverrazzano* durch den ruhigen Ort, den wir durch einen Torbau verlassen, und erreichen wenig später die **Piazza G. Bucciarelli** in **Campana** und unseren Ausgangspunkt.

Informationen zur Tour

■ Ausgangsort

Panzano (Prov. Firenze), malerisches, befestigtes Dorf an der Via Chiantigiana, Greve – Castellina (SS 222).

■ Anfahrt

PKW: Auf der Weinstraße La Chiantigiana, der SS 222, Florenz – Siena, nach Panzano; ausgeschilderter Parkplatz an Durchgangsstraße am Rand des Ortsteils Campana (in Richtung Greve).
Bus: von Florenz (SITA) werktags mehrmals; Dauer 35–75 Min.; Haltestelle in Panzano an der Piazza Bucciarelli.

■ Unterkünfte

- Hotel Villa Sangiovese (***), Tel. 055/852461; Villa (19. Jh.) in Aussichtslage; an Piazza Bucciarelli in Panzano.
- Privatzimmer Di Stasio Pasquale, Via Montagliari, 12, Tel. 055/8523215; in Panzano.
- JH: Ostello Villa San Michele, Tel. 055/851034; auf dem Monte San Michele; ca. 18 km südöstlich von Greve.

■ Einkehrmöglichkeiten

- Hotel-Restaurant Villa Sangiovese (Mi geschl.) mit Aussichtsterrasse; in Campano an der Piazza G. Bucciarelli.
- In Panzano Ristorante Vescovino (Do geschl.), Garten, Panoramalage.
- Im unteren Ortsteil von Panzano, in Campana, mehrere Bars.

■ Öffnungszeiten

Pieve di S. Leolino, 12–15 Uhr geschlossen.

■ Auskunft

Associazione Proloco, Palazzo della Torre, Tel. 0 55/85 45 25, 50022 Greve.

■ Karte

Carta dei sentieri e rifugi, 1:25000, Blatt 43/44, Siena e Dintorni.

■ Variante

Abstecher nach Piazza zu Restaurant (Mo geschl.) mit Gartenterrasse (Tourlänge dann 13,5 km; 4,5 – 5 Std.).
Im Pesa-Tal den Fluß auf der Betonbrücke überqueren und auf einem Fahrweg durch Wald steil ansteigen zur Straße nach S. Donato; der Straße nach links folgen zu den wenigen Häusern des Weilers Piazza.
Auf gleichem Weg geht es dann wieder zurück.

14 Im Weinanbaugebiet des Chianti Classico

Durch Weinfelder zu romanischer Kirche

km 10,5	
Etappen 5	
Stunden ca. 4	
Höhenunterunterschied 350	

Etappen
Radda in Chianti – Casa Malpensata 2,5 km – S. Giusto 2 km – Casa Bereto 3,5 km – Restaurant Le Vigne 1 km – Radda 1,5 km

Tourencharakter
Sanfte, von Weinfeldern bestimmte Hügellandschaft; großteils auf Feld- und Waldwegen, bei Radda kurzzeitig auch auf stark befahrener Straße

Sehenswertes am Weg
Befestigtes Städtchen Radda in Chianti; Kirche S. Giusto; für die Toskana typisches Restaurant

Wegmarkierung
Keine; Orientierung einfach

→ Vom Parkplatz in **Radda in Chianti** steigen wir zur Durchgangsstraße hoch, wenden uns nach *rechts* und betreten durch die einstige *Porta Valdarnese* – linkerhand der Zugang zum Wehrgang (*Ausschilderung: Camminamento*) – die **Altstadt**.

Ein vollständig erhaltener mittelalterlicher Mauerring umschließt den auf einer Hügelkuppe gelegenen Ort. Auf der gepflasterten Hauptstraße, der *Via Roma*, gelangen wir zur Kirche *S. Niccolò* und zum *Palazzo del Podestà* (15. Jh.) mit einer Loggia und Wappen des ehemaligen Stadtregiments.

Die Via Roma mündet in die schmale, zeitweise stark befahrene Durchgangsstraße *Montevarchi – Castellina* (kein Gehweg; links gehen!). Ihr folgen wir, mit Blick in das nördlich sich erstreckende Pesa-Tal, nach rechts 1 km weit in den Ortsteil **La Croce**, wo wir links abbiegen auf die Straße in Richtung *Lecchi / S. Giusto*, die in das **Filicaie-Tal** hinunterführt.

Nach 600 m steigen wir auf dem zweiten rechts abzweigenden *Fahrweg* (*Ausschilderung: Malpensata*) leicht an, gehen am Gehöft **Casa Malpensata** geradeaus weiter und gelangen, jetzt auf einem *Feldweg*, zu einer Wegespinne am Waldrand. Wir halten uns *geradeaus* und erreichen kurz nach einer engen S-Kurve des Wegs eine Gabelung, an der wir

14 Im Weinanbaugebiet des Chianti Classico

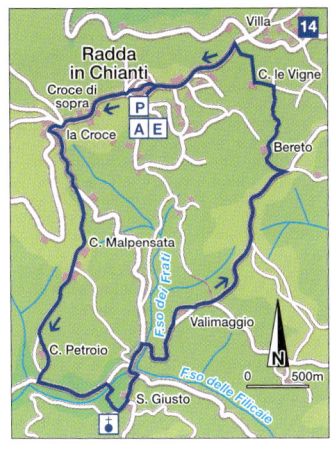

men bestehenden **Brücke** den Bach und steigen steil auf zur **Kirche** und zu den wenigen Gebäuden von **San Giusto**.

Von der einfachen Pfarrkirche aus dem 11. Jh., in deren Nähe die Reste eines römischen Dorfs gefunden wurden, bietet sich ein schöner **Ausblick** auf die **Weinberge** und **Radda** – ein hübscher Rastplatz.

Auf der aus dem Tal heraufführenden Ortszufahrt erreichen wir

Vollständig erhalten ist die mittelalterliche Befestigung von Radda in Chianti.

uns nach *rechts* wenden. Vorbei an einigen Zypressen führt der Weg bequem *bergab*. Dort, wo wir ein zweites Mal auf ein Weinfeld stoßen – zur Linken ist schon die Kirche *San Giusto* zu sehen –, folgen wir nach *rechts* einem etwas rauheren Weg zu einer Stelle, an der Erd- und Gesteinsmaterial abgelagert wurde. Hier halten wir uns links, passieren auf einem Fahrweg die Gebäude des **Weinguts Petroio** (*Besichtigung der Kellereianlagen und Weinprobe möglich, Anmeldung 2 Tage vorher, Tel. 05 77/73 81 23*) und gehen zwischen Weinfeldern hinunter zu einer Schotterstraße im **Filicaie-Tal**.

Ihr folgen wir nach *links, talaufwärts*, knapp 1 km weit, überqueren unterhalb von San Giusto – hier überspannt eine Stromleitung die Straße – auf einer nur aus zwei Baumstäm-

die Straße *Radda – Lecchi*, folgen ihr nach links über den Bach Filicaie und biegen nach 250 m scharf *rechts* ab (*Ausschilderung: Podere Valimaggio*). Der Fahrweg führt am schattenlosen Hang steil bergauf zu einer Weggabelung, an der wir uns links halten und somit das Gehöft **Valimaggio** umgehen. Mit schönem Blick auf Radda erreichen wir eine zweite Weggabelung.

Nach *links* gelangen wir auf einem ansteigenden Weg in einen flachen Sattel. Geradeaus steigen wir noch für kurze Zeit leicht an – rechterhand sind das Dörfchen **Vertine** und der **Palazzo Vistarenni** zu sehen –, ehe der Weg auf der Scheitelhöhe des schmalen Hügelrückens zu fallen beginnt. Mit **Blick** auf Weinfelder sowie Radda und das Dorf Villa erreichen wir, wo eine Stromleitung den Weg überspannt, ein Wegkreuz unter einigen Zypressen.

Wir wenden uns hier scharf nach *links* und steigen auf einem Waldweg in die *Talsenke* hinunter. Unmittelbar vor der Hecke, die das Anwesen **Casa Bereto** umgibt, gehen wir

In mehreren Restaurants in und um Radda wird der in der Umgebung angebaute Chianti Classico serviert.

auf einer Trittspur nach rechts entlang der Hecke und stoßen auf den zypressengesäumten Zufahrtsweg des Anwesens. Nach *rechts* gelangen wir zwischen Olivenbäumen und Weinfeldern bequem auf die Talsohle hinunter.

30 m nach dem tiefsten Punkt, wo wir an einem Rinnsal einen Bildstock passieren, biegen wir links ab, überqueren eine weitere Wasserrinne und folgen einem breiten Trennstreifen zwischen zwei Weinfeldern *hangaufwärts* zum Restaurant **Le Vigne**. Auf der Zufahrt des Restaurants steigen wir steil hoch zur Durchgangsstraße *Radda – Montevarchi* und folgen ihr nach links einige hundert Meter weit (kein Gehweg; links gehen!) zu unserem Ausgangspunkt.

Informationen zur Tour

■ Ausgangsort

Radda in Chianti (Prov. Siena).

■ Anfahrt

PKW: SS 1, Florenz – Rom, Ausfahrt Montevarchi; Landstraße in Richtung Siena bis Radda; ausgeschilderter Parkplatz unterhalb der Durchgangsstraße auf Höhe des Ortskerns.
Bus: Busse von Florenz (SITA; Dauer 1 Std. 40; werktags 3mal) oder Siena (TRA-IN; Dauer 1 Std.; werktags 4–5mal) sind für einen Tagesauflug nicht geeignet.

■ Unterkünfte

- Mehrere Hotels, u.a. Relais Fattoria Vignale (****), Via Pianigiani, 15, Tel. 05 77/73 83 00; April – Okt. Villa aus dem 18. Jh.; am Ortsanfang von Radda in Richtung Siena.
- Privatzimmer, u.a. da Giovannino, Via Roma, Tel. 05 77/73 80 56.
- Campingplatz Luxor, Trasqua, Castellina in Chianti, Tel. 05 77/74 30 47.

■ Einkehrmöglichkeiten

- Restaurant Le Vigne (Do geschl.), inmitten von Weinfeldern, Tische im Freien.
- In Radda Bars, Pizzerias
- Restaurant Girarrosta, Via Roma (Mi geschl.).
- Restaurant Vignale (Do geschl.) an der Durchgangsstraße.

■ Auskunft

Ufficio Turistico, Piazza Ferrucci, 1 (Rathaus), 53017 Radda in Chianti, Tel. 05 77/73 84 94.

■ Karte

Carta dei sentieri e rifugi, 1 : 25 000, Blatt 43/44, Siena e Dintorni.

15 Inmitten der Monti del Chianti

Enge Gassen, romanische Kirchen

km: **13,5**
Etappen: **4**
Stunden: **ca. 4**
Höhenunterschied: **500**

Etappen
Gaiole in Chianti – S. Donato in Perano 3 km – Straße Radda-Montevarchi knapp 4 km – Badia a Coltibuono knapp 2 km – Gaiole 5 km

Tourencharakter
Stark gegliederte Hügellandschaft; Weinfelder und Olivenbäume in den Tälern, Mischwald auf den Hügeln; zu Beginn langer, streckenweise steiler Anstieg; großteils auf Schotterstraße, Wald- und Fahrwege

Sehenswertes am Weg
Ehem. Kloster Badia a Coltibuono. Pieve di Spaltenna in Gaiole (Abstecher vom Parkplatz hin und zurück 1,2 km)

Wegmarkierung
Nur bei Badia a Coltibuono kurzzeitig markiert (rot-weißer Querbalken); Orientierung einfach

➡ Vom Parkplatz in **Gaiole** wenden wir uns nach rechts zum Ortskern, überqueren die Durchgangsstraße und folgen der *Via B. Ricasoli*, in ihrer Fortsetzung der *Via Roma* entlang des offen fließenden *Dorfbachs* zum nördlichen Dorfrand.

Hier überqueren wir sowohl den Bach als auch die Durchgangsstraße und steigen auf der *Via A. Moro* steil an. Abwechselnd zwischen Olivenbäumen, Weinfeldern und Ginster führt die *Schotterstraße* auf der Scheitelhöhe eines Hügelrückens steil bergauf, bietet immer wieder **Ausblicke** auf die bewaldeten Hügelketten ringsum, u. a. auf den Monte Grossi, mit 701 m die höchste Erhebung weit und breit, auf deren Gipfel eine Burgruine sitzt.

Ab der *Linksabzweigung* der Straße nach Vertine wird der Anstieg leichter. Durch lichten Mischwald gelangen wir zu dem wuchtig wirkenden Gebäudekomplex **S. Donato in Perano**, ein im 17. Jh. von der Familie Strozzi errichtetes Schloß, das einen mittelalterlichen Vorgängerbau hatte.

250 m nach S. Donato verlassen wir in einem niederen Sattel die Schotterstraße nach *rechts* und folgen einem Feldweg, der in einen sandigen Waldweg übergeht. Dieser

15 Inmitten der Monti del Chianti

führt am *Südwesthang* des Hügels zunächst abwärts, steigt anschließend aber in südlicher Richtung wieder an zur Scheitelhöhe des Hügelrückens. Hier knickt unser Weg *links* ab und führt auf der Scheitelhöhe weiter bergauf zur Straße *Radda – Montevarchi*.

Nach *rechts* folgen wir der ansteigenden, kurvenreichen Straße (links gehen!) 800 m weit zur Linksabzweigung eines breiten Waldwegs, der einstigen Straße nach Badia a Coltibuono. In einem weiten Linksbogen gelangen wir in wenigen Minuten an eine Wegkreuzung unter

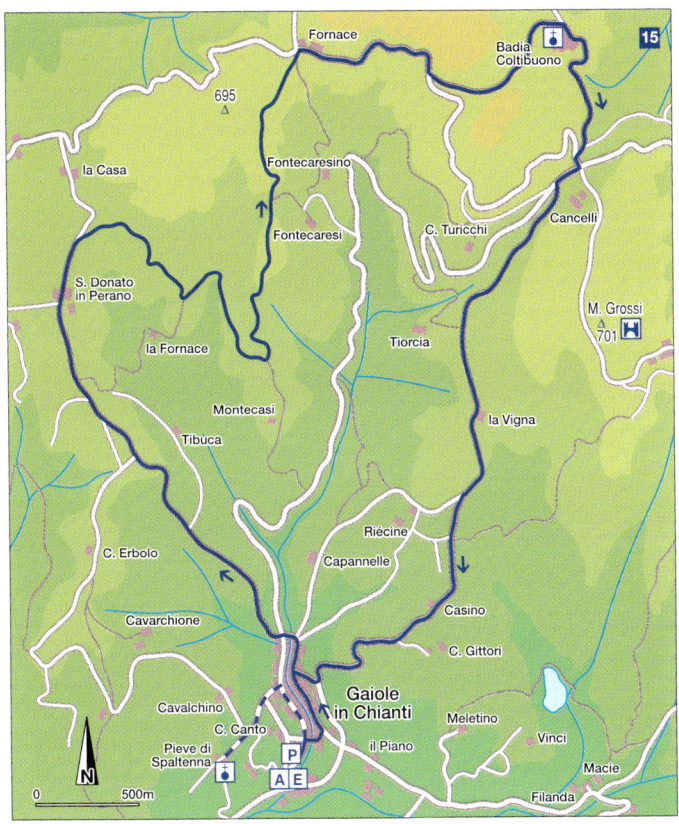

15 Inmitten der Monti del Chianti

einer uralten Eiche. Geradeaus (*rot-weißer Querbalken*) durch einen Hohlweg bergab und ohne irgendwelche Abzweigungen zu beachten, erreichen wir den auf einer Lichtung am Hang gelegenen Gebäudekomplex **Badia a Coltibuono**, von dem aus die jenseits des Arno-Tals aufragenden Gipfel des Bergmassivs **Pratomagno** zu sehen sind.

Von dem einstigen, zwischen 1115 und 1810 von Benediktinern bewohnten Kloster – das Hauskloster der einflußreichen Familie Firidolfi-Ricasoli – ist nur die romanische **Kirche San Lorenzo** (1049) erhalten, mit wuchtigem Glockenturm und Loggia. Die rechts liegenden Klostergebäude wurden im 19. Jh. in einen Landsitz umgewandelt; heute ein Weingut, dessen Produkte – Wein, Olivenöl, Honig – in einer »Osteria« gekauft werden können, die wir noch passieren werden.

Der Straße folgen wir *bergab*, passieren die eben erwähnte Osteria und erreichen, mit Blick auf den Monte Grossi mit seiner Burgruine,

Charakteristisch für das Chianti-Gebiet sind die schloßartigen Landgüter wie S. Donato, die meist seit dem Mittelalter im Besitz wohlhabender Familien sind.

eine *Straßenspinne*, an der wir uns nach *rechts* wenden in Richtung Siena, aber schon nach 100 m wieder *links* abbiegen auf einen Fahrweg.

Der Weg führt am bewaldeten Hang eines engen Tals bequem *talwärts* und schon bald an den ersten *Weinfeldern* und Olivenbäumen, dann an einzelnen Bauernhöfen vorbei. An einer *Weggabelung* halten wir uns *geradeaus*, verlassen nach einem kurzen Anstieg beim Gehöft **Casino** endgültig den Wald und sehen wenig später Gaiole unter uns liegen. In einigen Kehren steigen wir sehr steil ab zum Ortsrand, folgen der *Via Alighieri* nach rechts vollends auf die Talsohle hinunter und kehren entlang des Dorfbachs durch den Ort wieder zu unserem Ausgangspunkt zurück.

Informationen zur Tour

■ Ausgangsort

Gaiole in Chianti (Prov. Siena), im östlichen Teil des Chiantigebiets.

■ Anfahrt

PKW: SS 1, Florenz – Rom, Ausfahrt Montevarchi; Landstraße in Richtung Siena bis Gaiole; Parkplatz an der Schule nahe der Kirche.
Bus: Von Florenz (SITA) einmal nachmittags; Dauer 2 Std.; von Siena (TRA-IN, Busbhf. S. Domenico) Mo–Fr am frühen Morgen und nachmittags; letzter Bus zurück gegen 17.30 Uhr.

■ Unterkünfte

- Hotel Castello di Spaltenna, Tel. 05 77/74 94 83; elegantes Hotel mit Restaurant in ehem. Kloster; oberhalb von Gaiole.
- Privatzimmer in Radda in Chianti: da Giovannino, Via Roma, Tel. 05 77/73 80 56.
- Campingplatz Piano Orlando, Cafaggiolo Piano Orlando, Tel. 0 55/96 74 22; ca. 10 km nordöstlich von Gaiole bei Cavriglia.

■ Einkehrmöglichkeiten

- Da Giannetto (Mo geschl.), rustikales Restaurant (keine Bar!) in einstigem Forsthaus mit Tischen im Freien; bei Badia a Coltibuona.
- In Gaiole Bars, Pizzeria, Restaurant Carloni (Mi geschl.), oberhalb des Ortes.

■ Auskunft

Comune, Via Ricasoli, 83, 53013 Gaiole in Chianti.

■ Karte

Carta dei sentieri e rifugi, 1:25000, Blatt 43/44, Monti del Chianti-Montagnola Senese (EMF).

16 Um das Castello di Brólio

Wo Weingeschichte geschrieben wurde

Etappen
S. Felice – La Grotta 2,5 km –
Castello di Brólio 1,5 km –
S. Régolo 1 km – La Grotta
3,5 km – S. Felice 2,5 km

Tourencharakter
Hügellandschaft mit einzeln
stehenden Weingütern; großteils auf Fahr- und Waldwegen; ein langer und mehrere
kurze Anstiege

Sehenswertes am Weg
Castello di Brólio; Weinkellerei
Ricasoli in La Madonna

Wegmarkierung
Querbalken zwischen
S. Felice und La Madonna

→ Vom Parkplatz bei San Felice – im 8. Jh. Sitz der Pfarrei San Felice, um die sich die Bischöfe von Arezzo und Siena stritten, heute ein gepflegtes Dorf mit einem luxuriösen Hotel – folgen wir nach *links* einer ruhigen Landstraße zwischen Weinfeldern wenige hundert Meter zum Waldrand und halten uns, wo die Straße rechts abknickt, *geradeaus*.

Ein gut markierter Waldweg führt über eine niedere Erhebung hinweg und, stets geradeaus, zum Gehöft Colle. Auf der Zufahrt des Gehöfts erreichen wir bei dem Gehöft La Grotta eine Wegkreuzung, von der aus die Dörfer S. Régolo und Monti zu sehen sind. Wir halten uns geradeaus, steigen leicht an und sehen bald darauf das mächtige Castello di Brólio vor uns. Ein bequemer Weg bringt uns zur Burgauffahrt und entlang der Burgmauer zum Eingangstor.

Die bis zu 16 m hohen Mauern erinnern daran, daß das Kastell im Mittelalter schwer umkämpft war: Es lag an der Grenze zwischen Siena und Florenz, weshalb beide Städte aus strategischen Gründen an ihm interessiert waren. Immer wieder wurde es belagert, Ende des 15. Jh. beinahe vollständig zerstört. In der ersten Hälfte des 16. Jh. wurde es wieder aufgebaut und, nachdem die Auseinandersetzungen beendet waren, an die Besitzer, die Familie Ricasoli, zurückgegeben. Diese ließen um 1860 Teile der Verteidigungsanlagen einreißen und das Schloß verändern, so daß seine heutige Form entstand. Erhalten blieben aus mittelalterlicher Zeit die Kapelle **S. Jacopo** (1348) mit Krypta sowie Bastionen, Türme und Wehrgänge.

16 Um das Castello di Brólio

1835 betrieb hier Bettino Ricasoli, später Premierminister, umfangreiche Weinstudien. Das Ergebnis: die Zusammensetzung des Chianti aus drei Rebsorten – Sangiovese, Canaiolo (beide rot) und Malvasia (weiß) – wurde festgelegt und gilt bis auf den heutigen Tag.

Am Tor steigen wir *links* über einige Treppenstufen ab und gelangen auf dem einstigen *Burgzugang* zu den wenigen Häusern und zur Kirche von **La Madonna**.

Wer sich einen Besuch der **Weinkellerei Ricasoli** nicht entgehen lassen möchte, folgt geradeaus der Straße in Richtung *Monti/Siena* zum Eingang des weitläufigen Gebäudekomplexes.

Gegenüber der **Kirche** folgen wir der ruhigen Straße in das am Hang

des Burgbergs gelegene Dorf **S. Régolo**, passieren die **Kirche**, eine Trattoria rechts der Straße und außer-

Castello di Brólio – im Mittelalter Streitobjekt zwischen Siena und Florenz, heute eines der bekanntesten Weingüter im Chiantigebiet.

dem einige städtisch anmutende Wohnhäuser für die Angestellten der Weinkellerei. Am Ortsende steigen wir zunächst recht steil in eine *Talsenke* hinunter, anschließend durch *Wald* ebenso steil wieder auf und biegen scharf *links* ab auf eine Schotterstraße.

Durch Wald, dann an Weinfeldern entlang und kurzzeitig sehr steil bergauf erreichen wir die Höhe eines Hügelrückens – von hier ist das *Castello di Brólio* nochmals schön zu sehen – und gelangen an die Wegkreuzung beim Gehöft **La Grotta**. Nach *rechts* kehren wir auf demselben Weg, auf dem wir von San Felice hierher gelangten, wieder zu unserem Ausgangspunkt nach **San Felice** zurück.

Informationen zur Tour

■ Ausgangsort

Dorf San Felice (Prov. Siena) im südlichen Teil des Chianti-Gebiets.

■ Anfahrt

PKW: Von Siena auf der SS 408 in Richtung Montevarchi; nach 13 km bei Pianella abbiegen in Richtung Castelnuovo; nach 2 km abbiegen in Richtung S. Felice / Castello di Brólio; Parkplatz in S. Felice.
Bus: Von Siena (TRA-IN) nur 1x täglich.

■ Unterkünfte

- Hotel Borgo S. Felice (****), Tel. 05 77/35 92 60; mit Restaurant; in S. Felice.

■ Einkehrmöglichkeiten

- In S. Felice Hotel-Restaurant (Mo geschl.) mit Garten.
- Da Gino (geschl. Do u. im Juli), rustikales Restaurant Garten, unterhalb des Castello di Brólio.
- In San Régolo eine Trattoria (Do geschl.).

■ Öffnungszeiten

Castello di Brólio, täglich außer Fr 9–12 und 15 Uhr bis Sonnenuntergang.

■ Auskunft

Ufficio Turistico, Via Garibaldi, 2, Tel. 05 77/35 54 53, 53019 Castelnuovo Berardenga.

■ Karte

Kompaß-Karte, 1:50 000, Bl. 661, Siena – Chianti – Colline Senesi.

■ Variante

Länge 5,5 km; Gehzeit 2 Std. Start in La Madonna, über S. Régolo zum Gehöft La Grotta; hier an der Wegkreuzung nach links zum Castello di Brólio, zurück nach La Madonna.

17 Stadtrundgang durch Siena

Siena – die Stadt der Kunst

Etappen
Parkplatz bei Forte S. Barbara – S. Domenico 0,6 km – Fonte Branda 0,4 km – Dom 0,5 km – Il Campo 0,7 km – Logge del Papa 0,2 km – Piazza G. Matteotti 0,7 km – Parkplatz 0,9 km

Tourencharakter
Die Altstadt erstreckt sich auf einem Hügel und dessen Ausläufern

Sehenswertes am Weg
Kirche S. Domenico, Fonte Branda, Dom, Archäologisches Museum; Palazzo Buonsignori (Pinakothek), Il Campo mit Palazzo Pubblico, Logge del Papa, Piazza Salimbene, Forte S. Barbara

Wegmarkierung
Keine

➡ Vom Parkplatz an der **Forte S. Barbara** folgen wir der mehrspurigen *Viale Vittorio Veneto* auf das Stadtzentrum zu, biegen *rechts* ab in die *Viale dei Mille* und erreichen die Kirche **San Domenico**. Um 1226 begonnen, ist die Kirche eines der zahlreichen Denkmäler, die im gotischen Stil im 13./14. Jh. entstanden, dem Höhepunkt der sienesischen Kunst. An den Kirchenraum wurde eine Kapelle für die heilige Katharina (1347–1380) angebaut, die in Siena lebte und später zur Schutzpatronin Italiens erklärt wurde.

Links an San Domenico vorbei gehen wir auf der *Via del Camporegio* bergab und folgen nach *rechts* den Treppenstufen **Vicolo Camporegio**, wo wir uns nach links wenden zur **Fonte Branda** (11. Jh.), einem zinnenbewehrten Brunnenhaus.

In der ansteigenden *Via di S. Caterina* passieren wir das einstige Wohnhaus der heiligen Katharina. Durch die rechts abzweigende *Via della Galluzza*, die mit Bögen überbaut ist, und erneut nach rechts auf der *Via Diacceto* gelangen wir zur **Piazza S. Giovanni** und stehen vor der Domkirche **Santa Maria**.

Treppenstufen führen zum Eingang des **Baptisteriums San Giovanni** an der Chorseite des Doms hoch. Es handelt sich dabei um einen Unterbau, der notwendig wurde, als der Chor verlängert wurde (14. Jh.). In dem kryptaartigen Raum ist vor allem sehenswert das Taufbecken (1417–1430) mit den Bronzereliefs.

Über die Treppen steigen wir weiter hoch zur **Piazza Jacopo della Quercia**, die eingerahmt ist von der unvollendeten Fassade eines Dom-

17 Stadtrundgang durch Siena

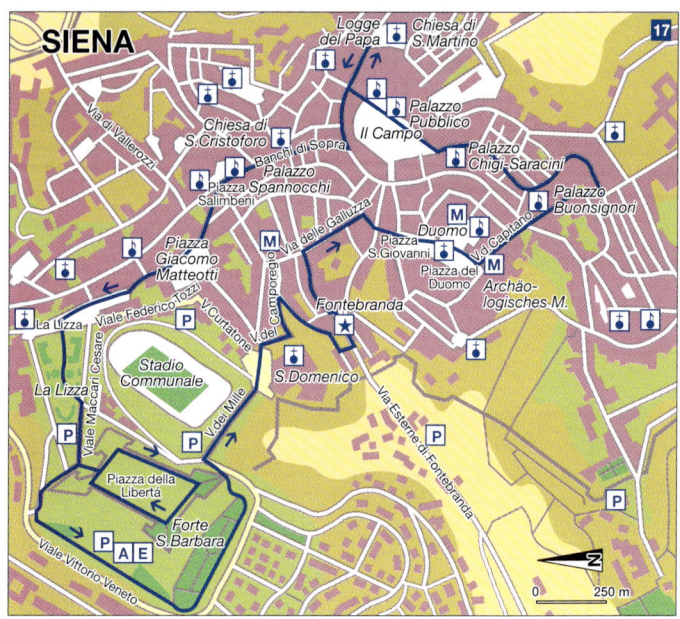

Neubaus, mit dem um 1340 begonnen wurde, der aber schon 1348 wegen mangelhafter Tragfähigkeit der Fundamente eingestellt wurde. Die Große Fassade kann bestiegen werden und bietet einen schönen Blick über Siena. Hier befindet sich auch das **Dommuseum**, das einen Besuch lohnt wegen einiger hervorragender **Kunstwerke** wie des Altarbilds »Maestà« (frühes 14. Jh.) von Duccio di Buoninsegna.

Entlang des Doms gelangen wir zur **Piazza del Duomo**, wo sich der Eingang zum Dom befindet. Um 1220 wurde er als romanischer Bau begonnen, im gotischen Stil fortgesetzt bis Ende des 14. Jh. Auch im Kirchenraum eine verwirrende Vielfalt an Gestaltungselementen: Pfeiler aus schwarzem und weißem Marmor tragen romanische Rundbögen; ein sternenübersäter blauer Himmel, ein Fußboden aus Marmor. Zwischen 1372 und 1562 arbeiteten hier über 40 Künstler an den 56 Feldern, die z.T. komplette Bibelszenen darstellen. Weitere herausragende Kunstwerke sind die weiße Marmorkanzel (13. Jh.) von Nicola Pisano und die Piccolomini-Bibliothek, die mit Fresken (frühes 16. Jh.) ausge-

17 Stadtrundgang durch Siena

malt ist und in der Handschriften aus dem 15. Jh. ausgestellt sind.

Beim Verlassen des Doms fällt die Fassade des Krankenhauses **S. Maria della Scala** auf, im 12. Jh. gegründet und damit eines der ältesten Krankenhäuser Europas.

Von der Piazza del Duomo wenden wir uns nach *links* zur breiten **Via del Capitano** – im Eckhaus zur Rechten ist das **Archäologische Museum** untergebracht –, überqueren die *Piazzale Postierla* und erreichen den spätgotischen **Palazzo Buonsignori**, um 1440 für einen Bankier erbaut und heute National-Pinakothek. Die Gemäldegalerie zeigt rund 700 Werke, vorwiegend von den zwischen dem 12. und 16. Jh. in Siena tätigen Künstlern.

Wenig später biegen wir links ab in die Straße *Casato di Sopra* und erreichen auf der weiterführenden *Casato di Sotto* die **Piazza del Campo** – Il Campo –, das Herzstück Sienas.

Der rot gepflasterte, muschelförmige Platz fällt von der **Fonte Gaia**, einem Brunnen aus dem 15. Jh., leicht ab zum **Palazzo Pubblico** (1310), überragt vom **Torre del Mangia** und mit einer durch zahlreiche spitzbogige Fenster unterbrochenen Fassade, die der Form des Platzes angepaßt ist.

Sowohl die Besteigung des Turmes als auch ein Besuch der **prachtvollen Säle** im Palazzo ist unbedingt empfehlenswert, letzteres vor allem wegen zweier **Gemälde**: Simone Martinis »Maestà« (1315), das älteste Fresko der Seneser Malerei, und Ambrogio Lorenzettis »Folgen guter und schlechter Regierung« (1338).

Entlang der Frontseite des Palazzo Pubblico – am Fuß des Turmes die **Cappella di Piazza**, 1352 zum Dank für das Ende einer Pestepidemie errichtet –, durch die *Via Rinaldi* und nach rechts in der *Banchi di Sotto* gelangen wir an die **Logge del Papa** (1462), ein dreibogiger Bau, der von Papst Pius II. gestiftet wurde.

Wir kehren um und folgen der *Banchi di Sotto* zur *Croce del Travaglio* mit der **Loggia della Mercanzia** (15. Jh.), dem alten Handelsgericht, zur Linken. Hier laufen die

Hinter den abweisenden Fassaden der Paläste in Siena verbergen sich häufig malerische Innenhöfe wie im Palazzo Chigi-Saracini.

drei Straßen zusammen, die die Längsachsen der Hügelrücken bilden, auf denen die Altstadt sich erstreckt.

Wir wenden uns nach *rechts* in die lebhafte *Banchi di Sopra*, passieren die **Piazza Tolomei** mit einem der ältesten Stadtpaläste Sienas, dem **Palazzo Tolomei** (1205) und der Kirche **San Cristoforo** (romanisch, jedoch im 18. Jh. völlig umgestaltet) und kommen zur **Piazza Salimbeni** mit gleichnamigem **Palazzo** (14. Jh.), Sitz der seit 1624 existierenden Bank »Monte dei Paschi«.

Halb links durch die *Via Pianigiani* erreichen wir die **Piazza G. Matteotti**, halten uns geradeaus und stoßen auf den geschäftigen Platz **La Lizza**. Nach *links* gehen wir durch die *Grünanlage* zur **Forte S. Barbara**, eine um 1560 im Auftrag der Medici erbaute Festung. Gleich am Eingang wurde eine vornehme Enoteca eingerichtet.

Die Allee auf der breiten Mauerkrone ermöglicht nochmals einen Blick auf die Altstadt.

Nach Verlassen der Festung wenden wir uns nach links und zu unserem Ausgangspunkt zurück.

Informationen zur Tour

■ Ausgangsort

Siena, Provinzhauptstadt.

Die Piazza del Campo in Siena, die umrahmt ist von Palästen, die dem muschelförmigen Platz angepaßt sind, gilt als einer der schönsten Plätze in der Toskana.

■ Anfahrt

PKW: Schnellstraße SS 2, Florenz – Siena; Parkplätze an der Forte S. Barbara.
Zug: Bahnlinie Florenz – Siena – Grosseto; mehrmals täglich; per Bus in die Altstadt.
Bus: Verbindungen von allen größeren Orten. Busbahnhof in Siena ist an der Kirche S. Domenico.

■ Unterkünfte

- Kiosk für Hotelbuchungen an der Kirche S. Domenico.
- Zahlreiche Hotels, u. a. Duomo (***), Via Stalloreggi, 38, Tel. 05 77/289088; in Palazzo aus 17. Jh., zentral gelegen.
- Zahlreiche Privatzimmer, Verzeichnis im Touristenbüro.
- JH: Guidoriccio, Via Fiorentina im Ortsteil Stellino, Tel. 0577/52212, Bus Nr. 15 von Piazza Gramsci.
- Campingplatz Colleverde, Strada di Scacciapensieri, 47, Tel. 05 77/28 00 44.

■ Öffnungszeiten

- Baptisterium S. Giovanni, Mitte März–Okt. durchgehend 9–19.30, sonst 10–13 und 14.30–17 Uhr.
- Dom, Mitte März – Okt. 7.30– 19.30, sonst 7.30–13.30 und 14.30–16.50 Uhr.
- Piccolomini-Bibliothek, wie Baptisterium.
- Dommuseum, Mitte März – Sept. 9–19.30, Okt. 9–18, sonst 9–13.30 Uhr.
- Für Baptisterium, Dommuseum und Piccolomini-Bibliothek gibt es eine preisgünstige kombinierte Eintrittskarte (3 Tage gültig).
- Archäologisches Museum, werktags 9–18, So 9–13 Uhr.
- National-Pinakothek, im Sommer Do-Sa 9–19, So 8–18 Uhr, im Winter Do – Sa 8.30–13.30 und weiterer Einlaß um 14.30, 16.00, 17.30, So 8–13 Uhr.
- Palazzo Pubblico, werktags 9.30– 18 bzw. 19.30 im Sommer, So 9–13.30 Uhr.
- Torre del Mangia, täglich zwischen 10 und, je nach Jahreszeit, 13–19.30 Uhr.
- Enoteca Italiana, täglich 12–1 Uhr nachts.

■ Einkehrmöglichkeiten

- Zahlreiche Bars, Pizzerien, Restaurants, u. a. an der Piazza del Campo »Al Mangia« und »Speranza« mit Tischen im Freien; zwischen Campo und Dom »Marsili«.

■ Auskunft

Ufficio Turistico, Piazza del Campo, 56, 53100 Siena, Tel. 0577/280551.

■ Karte

Stadtplan Siena.

18 Monte Oliveto Maggiore

Einsame Abtei in karger Landschaft

km **4,5**
Etappen **3**
Stunden **1,5**
Höhenunterschied **190**

Etappen
Chiusure – Gehöft Pioca 2 km – Abtei 1,5 km – Chiusure 1 km

Tourencharakter
Erosionsgebiet mit steilwandigen Hügelrücken in der sanften Hügellandschaft Le Crete; langer, streckenweise steiler Ab- und Anstieg

Sehenswertes am Weg
Malerisches Dörfchen Chiusure; Abtei Monte Oliveto Maggiore; erodierte Hügel

Wegmarkierung
Nur ein rot-weißer Querbalken an der Abzweigung bei dem Gehöft Pioca; Orientierung einfach

➡ Vom Parkplatz am Ortsrand von **Chiusure** gehen wir auf der Straße 100 m bergab und auf der *Via Porta Senese* in das Dorf.

Mitten im Ort halten wir uns an einem **Brunnen** nach *rechts*, wenden uns an einer Telephonzelle gegenüber einer Bar erneut nach rechts und gelangen entlang der Hangkante nach 50 m zu einem Fahrweg.

Die Hänge der Hügel, auf die wir von dieser erhöhten Position blicken, sind durch Erosion zu stellenweise fast senkrecht abfallenden Steilwänden geworden.

Stets mit **Blick** auf den umfangreichen Gebäudekomplex der Abtei *Monte Oliveto Maggiore*, der auf einem niedrigen Sporn eines parallel verlaufenden Hügelrückens liegt, folgen wir dem *Fahrweg* auf der Scheitelhöhe eines durch Erosion zu einem streckenweise nur wenige Meter breiten Grat reduzierten Hügelrückens steil *bergab*. Auf Höhe der Abtei passieren wir das große Anwesen **Pioca**.

50 m danach wenden wir uns an einem Strommasten (*rot-weiße Markierung*) scharf nach *rechts* und steigen auf einem Waldweg recht steil ab in ein *enges Tal*. Auf dem

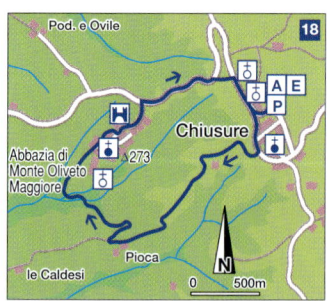

18 Monte Oliveto Maggiore

Talgrund gehen wir talauswärts, biegen aber wenig später am Damm eines aufgestauten, mittlerweile verschilften Fischteichs rechts ab auf einen Pfad, der ein Rinnsal überquert und nach links am Hang ansteigt. Nach einem 20 m langen Hohlweg halten wir uns rechts, steigen steil an und folgen einem etwas breiteren Weg geradeaus, bis wir uns unterhalb der Abtei befinden. Da der Fahrweg, der nach rechts zur Klosterkirche führt, durch ein Tor abgesperrt ist, gehen wir noch 25 m *geradeaus* und steigen auf einer Trittspur nach rechts einige Meter steil hoch – somit umgehen wir dieses Tor – zum **Kloster-Vorplatz**, wo sich der Zugang zur Abteikirche **Monte Oliveto Maggiore** befindet.

Der umfangreiche Gebäudekomplex der Abtei liegt in abgeschiedenem Gelände. Hierher zogen sich zu Beginn des 14. Jh. drei wohlhabende, gebildete Sieneser zurück, um ein einfaches, asketisches Leben zu führen. 6 Jahre später gründeten sie das Benediktinerkloster, das bis heute besteht. Für Besucher zugänglich sind nur die **Kirche** und der große **Kreuzgang** (1426–1443), der mit Fresken (um 1500) ausgemalt ist. Die **Fresken**, die Episoden aus dem Leben des heiligen Benedikt darstellen, zählen zu den Meisterwerken der italienischen Malerei. Die Anfang des 15. Jh. erbaute Kirche wurde später im barocken Stil umgewandelt. Eindrucksvoll ist vor allem das **Chorgestühl**: 48 der Sitze sind mit Intarsien geschmückt. Im Saal des Großherzogs werden Postkarten, Bücher und heimische Produkte wie Honig und Kräuterlikör verkauft.

Neben der Zufahrt zum Kloster steigen wir auf einem mit zypressengesäumten Fußweg durch die parkartige **Gartenanlage** der Abtei hoch zu einem **Festungsturm** – heute ist hier ein Restaurant untergebracht –, der die Abtei gegen Angriffe abschirmte. Über den Torbögen sind Terrakotta-Reliefs aus der Werkstatt della Robbia angebracht.

In 29 Szenen wird auf den Fresken im Kreuzgang der Abtei Monte Oliveto Maggiore das Leben des heiligen Benedikts dargestellt.

Unter hohen Zypressen gehen wir auf der Klosterzufahrt weiter, halten uns an einer Gabelung *rechts* in Richtung *Asciano* und stoßen auf die Straße *Buonconvento – Chiusure*. Ihr folgen wir nach *rechts*, passieren einen **Aussichtspunkt** und biegen, wo die Straße in einer Linkskurve anzusteigen beginnt, an einem *Straßenwärterhäuschen rechts* ab auf einen Pfad. An der Hangkante steigen wir entlang einer Stromleitung steil an und stoßen beim *Friedhof von Chiusure* wieder auf die Straße, auf der wir, vorbei an der Kapelle **La Madonna**, zu unserem Ausgangspunkt zurückkehren.

Informationen zur Tour

■ Ausgangsort

Chiusure (Prov. Siena, Gemeinde Asciano), Bergdorf ca. 30 km südöstlich von Siena.

■ Anfahrt

PKW: SS 2, Siena – Grosseto, nach Buonconvento; abbiegen in Richtung Abbazia di Monte Oliveto und 10 km bis Chiusure; beschränkte Parkmöglichkeit am Ortsrand bei einem Restaurant.
Bus: Ungünstig, da Verbindungen von Siena nur einmal täglich.

■ Unterkünfte

- In Chiusure keine Unterkünfte; nächste Hotels:
- Hotel Roma (**), Via Soccini, 14, Tel. 05 77/80 72 84, in Buonconvento.
- Hotel Il Bersagliere (***), Via Roma, 41, Tel. 05 77/71 86 29 in Asciano.

■ Einkehrmöglichkeiten

- Bar/Ristorante Torre (Do geschl.) mit Terrasse, am Eingangstor der Abtei.
- In Chiusure Bar/Ristorante Paradiso und
- Pizzeria Le Crete (Di geschl., erst ab 17 Uhr geöffnet).

■ Öffnungszeiten

Abtei Monte Oliveto Maggiore, täglich 9.15–12 und 15.15–17.45 bzw. bis 17 Uhr im Winter.

■ Auskunft

Ufficio Turistico, Corso Matteotti, 53041 Asciano, Tel. 05 77/71 95 10 (geöffnet Mai–Okt.).

■ Karte

Wanderkarte – Carta turistica, 1 : 50 000, Bl. 30, Chianciano – Valdichiana, Monte Amiata, Toskana – Prov. Siena.

19 Montepulciano

Die Stadt der Renaissance

km	3
Etappen	5
Stunden	1,5
Höhenunterschied	160

Etappen
Piazzale Don G. Minzoni – Porta Grassi 0,7 km – Tempio di S. Biagio 0,5 km – La Fortezza 0,7 km – Piazzale Don G. Minzoni 1,2 km

Tourencharakter
Auf ruhigen Straßen durch die Stadt und hinab zur Wallfahrtskirche Tempio di S. Biagio unterhalb der Stadt

Sehenswertes am Weg
Befestigte Altstadt mit gut erhaltenem Renaissance-Charakter: zahlreiche Palazzi und Kirchen; Wallfahrtskirche Tempio di S. Biagio

Wegmarkierung
Keine

→ Vom Parkplatz auf der **Piazzale Don G. Minzoni** gehen wir durch das Stadttor **Porta al Prato** (13. Jh.) und folgen der leicht ansteigenden *Via di Gracciano*, Teil der ca. 1,5 km langen Hauptdurchgangsstraße, die auch als »Corso« bezeichnet wird. Dabei passieren wir die **Colonna** (Säule) **del Marzocco** mit dem florentinischen Löwen, den **Palazzo Bucelli**, dessen Sockel mit etruskischen und römischen Grabplatten verkleidet ist, die Kirche **San Agostino** (15. Jh.) mit schöner Renaissancefassade und den **Torre di Pulcinella**, auf dem eine hölzerne Figur mit einem Hammer die Stunde schlägt.

An den **Logge del Grano**, einem Palazzo mit Arkaden, unter denen einst Getreide verkauft wurde, biegen wir rechts ab auf die zur Kirche Santa Lucia ansteigende *Via dell' Erbe* und gelangen auf der *Via Piana* zum Rand der Altstadt an der Hangkante.

Die *Via della Costa* entlang der Hangkante mündet in die *Via dei Grassi*, die durch die **Porta Grassi** schnurgerade bergab führt zur wuchtigen Kirche **Tempio di San Biagio**, neben der das einstige, loggiengeschmückte Pfarrhaus (16. Jh.) sowie ein Restaurant stehen.

Der gewaltige Kuppelbau wurde auf den Fundamenten einer Vorgängerkirche erbaut, in der, so wird berichtet, ein Wunder stattfand: Die Augen der Madonna eines Freskos bewegten sich. Als Wallfahrten einsetzten, wurde die alte Kirche zu klein, und 1518 wurde mit dem Bau der heutigen Kirche begonnen, die

19 Montepulciano

als eines der bedeutendsten Bauwerke der Renaissance in der Toskana angesehen wird.

Einer leicht ansteigenden Zypressenallee folgen wir zu einer verkehrsreichen Straßenkreuzung, an der wir uns scharf nach *links* wenden und auf einem breiten *Fußweg* unter Zypressen steil hochsteigen zu einer am Hang querlaufenden Straße. Auf ihr gehen wir nach *links*, vorbei an einer Grünanlage und mit einem schönen **Blick** auf die hügelige **Landschaft** und die **Wallfahrtskirche**, und steigen nach 50 m auf einem rechts abzweigenden *Fußweg* (Ausschilderung: Centro) steil hoch zur *Via Collazzi*.

Wenige Meter nur gehen wir nach rechts auf die Kirche *Santa Maria dei Servi* (14. Jh., mit barockisiertem Innenraum) zu, ehe wir uns nach links wenden auf die *Via di S. Donato*, die entlang der mächtigen Festungsmauer (um 1880 neu erbaut) und durch die **Porta S. Donato** wieder in die Altstadt und geradeaus zur **Piazza Grande** führt.

Den ausgesprochen ruhigen Platz, dessen mittelalterlicher Charakter weder durch Neubauten noch durch Ladenfronten verfälscht wird, umstehen die wichtigsten Gebäude der Stadt: die äußerlich schmucklose **Kathedrale** (16. Jh.), der **Palazzo Comunale** (14. Jh.), dessen Turm bestiegen werden kann, der **Palazzo del Capitano del Popolo**, vor dem der Brunnen **Pozzo dei Grifi e dei Leoni** auffällt, der wuchtige **Palazzo de'Nobili-Tarugi** mit Loggia (16. Jh.), der etwas abweisend wirkende **Palazzo Contucci** (16. Jh.).

Nach rechts, am **Palazzo Contucci** und der **Cantina Contucci** vorbei, wo der Wein der Region, der Vino Nobile, gekauft werden kann, gelangen wir in der **Via del Teatro** bergab zum **Teatro Poliziano**. Gegenüber steigen wir auf den überbauten Treppenstufen der *Vicolo Benci* hinab zur Hauptstraße, der wir nach *links* folgen. Dabei passieren wir die

In dem eleganten Gebäude neben der Kirche S.Biagio wohnten einst die Geistlichen.

Kirche **San Gesù**, das nette Café Poliziano sowie den **Palazzo Cervini** und stoßen wieder auf die *Via di Gracciano nel Corso*, die uns zur **Piazzale Don G. Minzoni** zurückbringt.

Wer sich noch die Kirche **Sant' Agnese** ansehen möchte, hat lediglich den Kreisverkehr zu überqueren. Anfang des 14. Jh. wurden sowohl die Kirche als auch der Konvent erbaut von der heiligen Agnese aus Montepulciano, deren Grabmal sich am Hauptaltar befindet. Neben der Kirche ein mit Fresken ausgemalter **Kreuzgang** (16. Jh.).

Informationen zur Tour

■ Ausgangsort

Montepulciano (Prov. Siena), Kleinstadt ca. 70 km südöstlich von Siena.

■ Anfahrt

PKW: Auf der SS 2, Siena – Viterbo, bis Quírico d`Orcia und auf der SS 146 über Pienza nach Montepulciano; Parkplatz neben dem Kreisverkehr am Nordende der Altstadt auf der Piazzale Don G. Minzoni.
Bus: Von Chianciano Terme und Siena; 3-4 mal täglich; Fahrzeiten für Tagesausflug von Siena aus nicht geeignet; Bushaltestelle in Montepulciano am nördlichen Stadtende an der Piazza Agnese.

■ Unterkünfte

- Il Marzocco (***), Piazza Savonarola, 18, Tel. 05 78/75 72 62; im nördlichen Teil der Altstadt.
- Albergo Duomo, Via S.Donato, 14, Tel. 05 78/75 74 73; in der Nähe der Piazza Grande.
- Privatzimmer Bellavista, Tel. 05 78/75 73 48; an Piazza S. Francesco.

■ Einkehrmöglichkeiten

- Bar/Ristorante La Grotta (Mi geschl.) mit Garten gegenüber der Kirche S. Biagio.
- In der Stadt an der Hauptstraße befinden sich weitere Restaurants.
- Café Poliziana, elegantes Kaffeehaus seit 1868.

■ Öffnungszeiten

Turm des Palazzo Comunale, Mo-Sa 9–13 Uhr.

■ Auskunft

Ufficio Turistico, Palazzo Comunale, 53045 Montepulciano, Tel. 05 78/75 70 80.

■ Karte

Wanderkarte – Carta turistica, 1 : 50000, Blatt 30, Chianciano – Valdichiana – Monte Amiata, Toskana – Prov. di Siena.

20 Pienza und Monticchiello

Renaissance-Musterstadt und mittelalterliches Bergdorf

Etappen
Pienza – Torrente Tresa
5,5 km – Monticchiello 2 km –
Torrente Tresa 2 km – Pienza
4 km

Tourencharakter
Offene Hügellandschaft mit
einzeln stehenden Gehöften
und Zypressenreihen; großteils auf Fahrwegen; zwei
lange, streckenweise steile
Anstiege

Sehenswertes am Weg
Pienza mit Kathedrale und
Palazzi; befestigtes Dörfchen
Monticchiello; Pieve di Corsignano

Wegmarkierung
Rot-weißer Querbalken ab
dem Bach Bucacce und auf
dem gesamten Rückweg nach
Pienza

→ Vom Parkplatz unterhalb der **Stadtmauer von Pienza** gehen wir auf der *Altstadt-Umgehungsstraße* nur wenige Meter nach *rechts* und biegen scharf *links* ab auf einen Fahrweg. Mit **Blick** auf sanft ansteigende Hügel, auf **Einzelhöfe** mit ihren zypressengesäumten Zufahrten und auf den **Monte Amiata** (1738 m) im Hintergrund steigen wir zwischen einigen Wohnhäusern steil hinunter in die *Talsenke* des Baches Rigo und schneiden damit eine Straßenkehre ab. 30 m nach der Brücke über den Bach wenden wir uns nach *links* auf einen breiten Fahrweg, der zwischen Feldern über einen niederen Hügelrücken hinwegführt. In Laufrichtung ist schon unser Zielort zu sehen, das auf einem steil aufragenden Hügel sitzende *Monticchiello*.

Wir überqueren die kleine **Brücke** über den Bach **Bucacce** – hier zweigt derjenige Fahrweg ab, auf dem wir nach Pienza zurückkehren werden – und passieren (*rot-weißer Querbalken, Nr. 6*) das Gehöft **Casa al Piano**, an dem wir uns rechts halten (*Ausschilderung: Monticchiello*). Den Bach **Tresa** überqueren wir noch vor der Straßenbrücke auf einer *Fußgängerbrücke* und erreichen auf dem zwischen Olivenbäumen in mehreren Kurven recht steil ansteigenden Fahrweg die Höhe eines Hügelrückens, wo wir auf einer Zypressenallee vollends ansteigen zu dem mit Mauer und Türmen befestigten Dorf **Monticchiello**.

20 Pienza und Monticchiello

Ruhig und abgeschieden ist das Dorf heute, ganz im Gegensatz zum Mittelalter, als es durch seine Lage an der Grenze des Herrschaftsbereichs von Siena häufig hart umkämpft war. Vom einstigen Mauerring mit 17 Türmen und der am höchsten Punkt gelegenen Burg blieben beträchtliche Teile erhalten, ebenso wie die **Kirche** (13. Jh.), die einen Besuch vor allem wegen der zahlreichen Gemälde aus dem 14. Jh. lohnt; das bekannteste ist eine »Madonna mit Kind« von Pietro Lorenzetti.

Nach einem Gang durch das verwinkelte Dorf genießen wir von dem Platz vor dem **Stadttor** nochmals den Ausblick auf Pienza und sanft geschwungene Hügelketten, die im Süden vom Monte Amiata begrenzt werden, und kehren auf demselben Weg zurück, auf dem wir nach Monticchiello aufgestiegen sind. Wir überqueren wieder den Bach *Tresa* und passieren das Gehöft *Casa al Piano*, folgen nun aber an der *Bucacce-Brücke* dem rechts ansteigenden Fahrweg (*rot-weißer Querbalken, Nr. 6*).

Zwischen Feldern und einem gelegentlichen Weinfeld, kurzzeitig auch durch lichten Wald, steigen wir steil an auf die Scheitelhöhe eines schmalen Hügelrückens. Oberhalb einer Erosionszone, wo der Osthang des Hügels durch Wasser und Wind abgetragen wurde, so daß Steilwände entstanden, und vorbei an einigen Bauernhöfen gelangen wir in den *Talschluß* des Baches Rigo. Hier schwenkt der Weg in einem weiten Bogen nach links, führt steil auf die *Talsohle* hinab und steigt ebenso steil an zur Straße, die um die Altstadt von **Pienza** herumführt.

Durch die **Porta al Ciglio** betreten wir die malerische Altstadt und folgen der Hauptstraße Corso il Rossellino, die das westliche mit dem

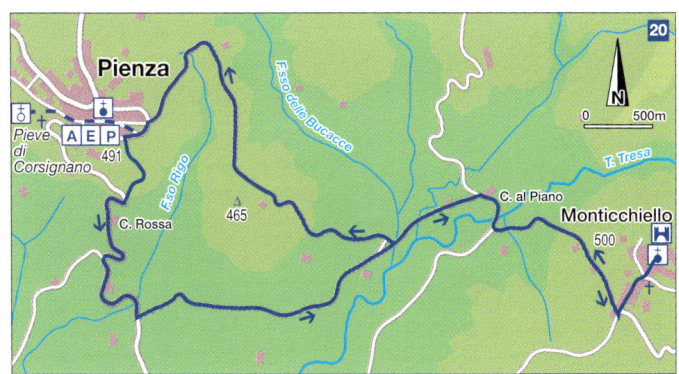

östlichen Stadttor verbindet. Wir gelangen zur kleinen **Piazza Pio II.**, dem Zentrum des Städtchens, das sein heutiges Bild Papst Pius II. verdankt, der hier geboren wurde. Er veranlaßte, daß zwischen 1459 und 1464 der unbedeutende Ort namens Corsignano in das Renaissance-Musterstädtchen Pienza umgewandelt wurde. Er gab den Auftrag für den Bau der Kathedrale sowie des Palazzo Comunale und verpflichtete seine Kardinäle, hier auch Paläste bauen zu lassen. Fassade und Innenraum der **Kathedrale** sind recht schlicht, auf Wunsch von Papst Pius II. schmücken nur einige Altarbilder der Meister von Siena die Wände. Um die Kirche gruppieren sich die größten Paläste: der **Palazzo Borgia**, der **Palazzo Comunale** mit Loggia und Turm, der **Palazzo Piccolomini** mit Innenhof. In letzterem können einige Räume mit Gemälden, Waffensammlung und antikem Mobiliar besichtigt werden.

Wir gehen geradeaus weiter und passieren die Kirche **San Francesco**, die, zusammen mit dem angeschlossenen Kloster – heute Hotel –, einer der wenigen Überreste aus dem Mittelalter ist.

Kurz darauf erreichen wir den westlichen Stadtrand. Für einen Abstecher (hin und zurück 1 km) zur einzeln stehenden **Pieve di Corsignano** – eine romanische Kirche mit Skulpturenschmuck am Portal und einem Taufbecken, an dem Papst Pius II. getauft wurde – gehen wir an der Grünanlage der **Piazza Dante Alighieri** links vorbei und folgen der

Von Pienza aus wandert man durch karge, kahle Landschaft, die weite Blicke ermöglicht.

Ausschilderung zur Pieve auf einem zwischen Mauern verlaufenden Sträßchen leicht bergab.

Auf demselben Weg kehren wir in die Stadt zurück, biegen an der **Piazza Pio II.** rechts ab und gelangen zwischen der Kathedrale und dem Palazzo Borgia zur **Porta al Santo** hinunter und wieder zurück zum Parkplatz unterhalb der Stadtmauer.

Informationen zur Tour

■ Ausgangsort

Pienza (Prov. Siena), sehenswertes Städtchen 55 km südöstlich von Siena.

■ Anfahrt

PKW: SS 2, Siena – Viterbo, bis Quirico d'Orcia und auf der SS 146 nach Pienza; zeitlich unbegrenzte Parkmöglichkeit unterhalb der Stadtmauer an der Altstadt-Umgehungsstraße (an der Südseite der Stadt).
Bus: Von Siena (TRA-IN) morgens und mittags; letzter Bus gegen 14 Uhr zurück.

■ Unterkünfte

- Hotel Il Chiostro di Pienza (***), Corso Rossellino, Tel. 05 78/ 74 84 00; in ehem. Kloster; im Zentrum von Pienza.
- Hotel Corsignano (***), Via della Madonnina, 11, Tel. 05 78/ 74 85 01; an Straße in Richtung Siena.

■ Einkehrmöglichkeiten

- Snack-Bar (Do geschl.) am Stadttor von Monticchiello.
- Taverna di Moranda in der Nähe der Kirche von Monticchiello.
- Mehrere Restaurants in Pienza, u. a. Ristorante Prato (Mi geschl.) mit Terrasse, unweit der Piazza Dante Alighieri.

■ Öffnungszeiten

Palazzo Piccolomini in Pienza, täglich außer Mo 10–12.30 und 15–18 Uhr.

■ Auskunft

Kein Touristenbüro.

■ Karte

Wanderkarte – Carta turistica, 1:50 000, Blatt 30, Chianciano – Valdichiana – Monte Amiata, Toskana – Prov. di Siena.

■ Programm für Regentage

Diözesanmuseum (neben der Kathedrale).

21 Zur Abtei Sant' Antimo

Glanzpunkt toskanischer Romanik

Etappen
Parkplatz in Montalcino – Festung 0,5 km – Villa le Prata 4 km – Restaurant Regnaie 1,5 km – Villa a Tolli 3 km – Abtei S. Antimo knapp 2 km – Castelnuovo dell'Abate 1 km

Tourencharakter
Streckentour zur reizvoll im Tal gelegenen Abtei Sant' Antimo; großteils auf Wald- und Fahrwegen

Sehenswertes am Weg
Befestigte Altstadt von Montalcino; romanische Abteikirche S. Antimo

Wegmarkierung
Rot-weißer Querbalken, Weg Nr. 2

➡ Vom Parkplatz am Rand der **Altstadt** von **Montalcino** steigen wir hoch zur **Piazza Cavour** mit der *Bar »Prato«* (*Fahrkarten-Verkauf*) und gehen geradeaus durch die *Via Mazzini* zur *Piazza del Popolo* mit einer Loggia (15. Jh.) und entlang des **Palazzo Comunale** (13. Jh.) zur *Piazza Garibaldi*. Zunächst *geradeaus*, dann folgen wir nach *rechts* der *Via Panfilo dell'Oca* zur **Festung** (15. Jh.).

In der Festung ist eine **Enoteca** untergebracht, in der der berühmte Brunello di Montalcino gekostet werden kann. Durch das einstige Stadttor **Porta del Cassero** gelangen wir zu einer Straßenkreuzung und steigen halb rechts in Richtung *S. Angelo* an. Nach wenigen Metern biegen wir *rechts* ab (*rot-weiße Markierung, Nr. 2*) auf die *Via del Poggio* und gelangen auf einem befestigten Fahrweg zu einer Weggabelung, an der wir uns rechts halten (*Ausschilderung: az. agr. Pietroso*).

Vor dem Anwesen Pietroso steigen wir nach links wenige Meter an und passieren einige Weinfelder. Der Fahrweg geht in einen grasbewachsenen Weg über, der sich am nun bewaldeten Hang entlangwindet. An einer *Weggabelung* halten wir uns *links* und erreichen schließlich ein auf einem Hangabsatz gelegenes *Gehöft*, von wo ein Fahrweg weiterführt und beim Anwesen **Villa le Prata** in eine Landstraße einmündet.

Nach links folgen wir dieser Straße recht steil *bergauf*, ehe wir an einem kleinen Parkplatz links abbiegen (*rot-weiße Markierung*) auf einen ansteigenden Forstweg, der wieder an die Straße führt.

21 Zur Abtei Sant' Antimo

Auf der anderen Straßenseite setzt sich der Weg fort und führt hoch zur Straße *Montalcino – S. Angelo in Colle*, die auf der Höhe des Hügelrückens verläuft. Wenige Meter vor der Straße wenden wir uns nach rechts und erreichen auf einem *Feldweg* das **Restaurant Le Regnaie**.

Wir überqueren die Straße Montalcino – S. Angelo in Colle und folgen einer Schotterstraße (*Ausschilderung: Villa a Tolli*), die in weitgeschwungenen Kurven in das Dörfchen **Villa a Tolli** hinabführt, wo wir uns an einer Gabelung vor der Kirche links halten (*Ausschilderung: Fattoria la Magio*).

Bequem gehen wir durch *Wald* bergab, folgen an der Zufahrt des **Weinguts Magio** nach links einem Feldweg. Wieder im Wald, steigen wir nun steil ab in ein enges *Tal*. Nach links gelangen wir auf einem querlaufenden Weg entlang eines Bachs hinunter zur **Abtei Sant' Antimo**.

Zur Gründungszeit der Abtei im 8. Jh. kreuzten sich hier zwei wichtige Straßen. Karl der Große stiftete als Dank für das Ende einer Pestepidemie das erste Kloster, von dem nur noch eine **Kapelle** erhalten ist. Die heutige, aus dem 12./13. Jh. stammende Kirche gilt als herausragendes Bauwerk der Romanik, vor allem wegen der Skulpturen am Portal sowie der Säulenkapitelle im Kirchenraum. Von den Klostergebäuden blieb wenig erhalten, doch seit 1922 wird es durch die Glaubensgemeinschaft Sant'Antimo wiederbelebt.

Auf der Zufahrt zur Abtei steigen wir nach **Castelnuovo** an, wo sich unmittelbar vor einer Bar die Bushaltestelle befindet. Mit dem Bus kehren wir zur Piazza Cavour in **Montalcino** zurück.

Informationen zur Tour

■ Ausgangsort

Montalcino, Provinz-Städtchen ca. 40 km südöstlich von Siena.

■ Anfahrt

PKW: Von der SS 2, Siena – Viterbo, 3 km südlich von Buonconvento abbiegen nach Montalcino; ausgeschilderter Parkplatz

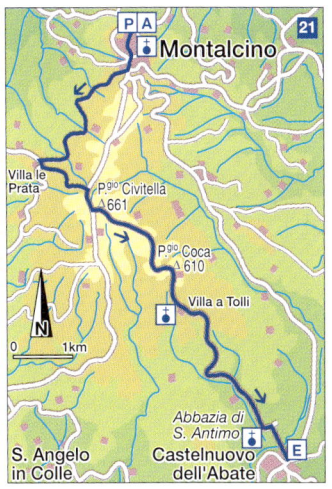

nahe der Bus-Endstation (Piazza Cavour) am Nordrand der Altstadt.
Bus: Von Siena mehrmals täglich; Rückfahrt am selben Tag möglich.

■ Zielort

Castelnuovo dell'Abate.
Rückfahrt nach Montalcino Mo–Sa 14.25 und 16.50; aktuelle Fahrzeiten vor Antritt der Wanderung in der Bar Prato an der Piazza Cavour erfragen; dort auch Fahrkarte kaufen! Kein Verkauf im Bus.

Reich war die Benediktinerabtei Sant'Antimo, besonders kunstvoll deshalb die Ausschmückung der Kirche.

■ Unterkünfte

- In Montalcino u. a. Hotel Albergo Il Giardino (**), Piazza Cavour, Tel. 05 77/84 82 57.
- Zahlreiche Privatzimmer, u. a. Anna Maria Pinzi, Via S. Saloni, 31, Tel. 05 77/84 86 66.

■ Einkehrmöglichkeiten

- Ristorante Le Regnaie, einfaches Lokal auf halber Strecke.
- Am Endpunkt Trattoria Bassomondo (Mo geschl.), rustikales Restaurant.
- Stilvolles Café/Weinlokal Fiaschetteria an der Piazza del Popolo, Montalcino.

■ Öffnungszeiten

- Festung in Montalcino, im Sommer 9–13 und 14–20, im Winter bis 18 Uhr.
- Kirche Sant'Antimo, meist durchgehend geöffnet; um 12.45 und 14.45 Gottesdienst mit gregorianischem Choral.

■ Auskunft

Ufficio Turistico, Costa del Municipio, 8, 53024 Montalcino, Tel. 05 77/84 93 31.

■ Karte

Carte stradali provinciali, 1:100 000, Blatt 228.

22 Im Tal des Flusses Merse

S. Galgano – Klosterruine in Abgeschiedenheit

km **12**
Etappen **6**
Stunden **4**
Höhenunterschied **250**

Etappen
Monticiano – Torrente Seggi knapp 3 km – Fluß Merse 1,5 km – S. Galgano 1 km – Kapelle Montesiepi 0,5 km – Fluß Merse 1,5 km – Monticiano 4,5 km

Tourencharakter
Niedere, teils bewaldete Hügel; fast immer auf Fahr- und Waldwegen; zwei längere Anstiege und drei Watstellen: zwei problemlose (Trittsteine), die dritte durch den Fluß Merse, was im Hochsommer kein Problem darstellt

Sehenswertes am Weg
Klosterruine S. Galgano; Chiesa di Montesiepi

Wegmarkierung
Nahezu durchgehend markiert mit rot-weißem Querbalken; von Monticiano nach S. Galgano Weg Nr. 5, dann Weg Nr.7

Günstigste Jahreszeit
Mai bis Ende September – nicht nach Niederschlägen!

Besondere Ausrüstung
Handtuch und Proviant mitnehmen

➡️ Von der **Piazza S. Agostino** folgen wir nach links der leicht abfallenden Durchgangsstraße in Richtung *Grosseto* (links gehen!) und biegen 30 m nach der Rechtsabzweigung der *Via Borgianni* rechts ab (*rot-weiße Markierung*). Wir folgen dem linken der beiden hier abzweigenden Wege, steigen leicht an zum Rand eines neuen Wohnviertels und folgen der Via Borgianni nach *links*. Der Asphaltbelag endet, und zwischen Wiesen, vereinzelten Weinfeldern und Feldern mit »siena«-braunem Boden erreichen wir das Gehöft **Casa Poggiarelli**.

Unmittelbar vor dem Gehöft wenden wir uns nach *rechts* und gehen in einigen Kurven bequem zum **Torrente Seggi** hinunter, den

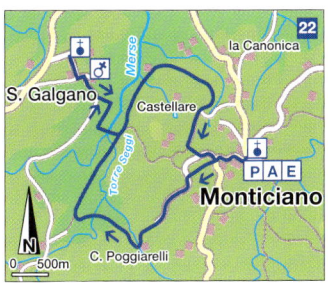

wir durch eine nur wenige Zentimeter tiefe Furt überqueren. Durch Wald steigen wir leicht an, wenden uns wenige Meter, ehe der Wald endet, nach *rechts* und folgen einem recht eben verlaufenden Weg, der einstigen Straße *»Antica Strada Maremmana«*.

Auf Trittsteinen überqueren wir den *Torrente Seggi* ein zweites Mal, wenden uns kurz darauf am Rand einer Lichtung nach links und gelangen auf einem Pfad an das Ufer des Flusses **Merse**. Trotz zahlreicher Steine und Felsbrocken, die hier im Flußbett liegen, lassen sich beim Durchwaten nasse Füße kaum vermeiden.

An der Uferböschung halten wir uns *rechts*, überqueren auf einer einfachen *Fußgängerbrücke* aus Baumstämmen ein Rinnsal und steigen nach *links* auf einem Pfad leicht an zum Waldrand. Hier geht der Pfad in einen breiten Waldweg über, auf dem wir nach *rechts, talabwärts*, wenige hundert Meter weit leicht ansteigen und vom Waldrand aus plötzlich das **Kloster San Galgano** und die Kirche **Montesiepi** vor uns liegen sehen. An einem großen, leerstehenden Gehöft gehen wir links vorbei und erreichen schließlich San Galgano.

Gründer des Klosters war Galgano, ein im Jahr 1148 in dieser

Eindrucksvoll selbst als Ruine ist die im gotischen Stil erbaute Kirche des ehemaligen Zisterzienserklosters S.Galgano.

22 Im Tal des Flusses Merse

Die im 12. Jh. aus Ziegel- und Kalksteinen erbaute Kapelle auf dem Monte Siepi ist eine der wenigen Rundkirchen in der Toskana.

Gegend geborener Adliger, der sein Leben als Ritter aufgab, um in der Einsamkeit auf dem Monte Siepi Gott zu dienen. Als Zeichen seines Sinneswandels, so erzählt die Legende, stieß er sein Schwert in einen Felsen – was heute noch bewundert werden kann. Galgano starb bereits mit 33 Jahren. Nach wenigen Jahren wurde er heiliggesprochen und über seinem Grab eine runde Kapelle (um 1185) errichtet. Der Anbau der Seitenkapelle, die mit Fresken von Ambrogio Lorenzetti ausgeschmückt ist, erfolgte im 14. Jh. Um 1185 ließen sich auf dem Monte Siepi Zisterziensermönche nieder. Doch bald wurde es auf der Hügelkuppe zu eng, so daß im Jahr 1224 am Fuß des Hügels mit dem Bau einer neuen und wesentlich größeren Klosteranlage begonnen wurde. Nach einer Blütezeit verlor das Kloster nach einer Pestepidemie im 15. Jh. seine Bedeutung. Im 16. Jh. wurde es bereits verlassen und verfiel. Erhalten sind die Ruine des gewaltigen Kirchenschiffs, Teile des Kreuzgangs sowie das Refektorium und der Kapitelsaal.

Vom Parkplatz an der Längsseite der einstigen Klosterkirche führt ein Feldweg, vorbei an der einstigen **Friedhofskapelle** (14. Jh.), zu der auf einer niederen Hügelkuppe sitzenden **Kapelle Montesiepi** hoch.

Auf demselben Weg kehren wir zurück, durchwaten den Fluß und stoßen wieder auf den *Waldweg* (*Antica Strada Maremmana*), dem wir nach *links* folgen. Nach einigen Minuten steigt der Weg am Talhang leicht an zu einem querlaufenden Forstweg, auf dem wir nach rechts zunächst weiter ansteigen, dann bequem den Waldrand erreichen, wo wir auf Höhe eines kleinen Anwesens – nicht weiter der Markierung nach links folgen! – uns rechts halten.

Auf einem Waldweg steigen wir an zu einer Weggabelung, an der wir uns erneut nach *rechts* wenden. Recht steil führt der Waldweg auf die Höhe des Hügels hinauf zum Waldrand. Geradeaus gelangen wir zwischen Wiesen und Weinfeldern, an Ställen für Hühner und Ziegen vorbei, zu einer kleinen *Pferderennbahn*, an der wir uns *links* halten und ein neues Wohngebiet von Monticiano erreichen.

Auf der *Via Martiri di Scalvaia* gehen wir bergab auf den alten Ortsteil von Monticiano zu und folgen dann der Durchgangsstraße nach links zurück zu unserem Ausgangspunkt.

Informationen zur Tour

■ Ausgangsort

Monticiano (Prov. Siena), Städtchen mit mittelalterlichem Ortskern; ca. 40 km südwestlich von Siena.

■ Anfahrt

PKW: Von Siena auf der SS 2 in Richtung Grosseto; nach 20 km rechts abbiegen und über S. Lorenzo nach Monticiano fahren; Parkplatz findet sich auf der Piazza S. Agostini an der Durchgangsstraße.
Bus: Von Siena (RAMA) am frühen Morgen und Nachmittag; letzter Bus zurück gegen 18 Uhr.

■ Unterkünfte

- Hotel Vestro (**), Via Senese, 4, Tel. 05 77/75 66 18; am Ortsrand von Monticiano an der Straße nach Siena.
- Privatzimmer Marianelli Beatrice, Tel. 05 77/75 70 31; in Tocchi.

■ Einkehrmöglichkeiten

In Monticiano befinden sich Bars und das Ristorante Vestro (Mo geschl.).

■ Öffnungszeiten

Abbazia di S. Galgano und Chiesa di Monte Siepi, 8–12 und 14 Uhr bis Sonnenuntergang.

■ Auskunft

Comune, Piazza S. Agostini, 1, Monticiano.

■ Karte

Carte stradali provinciali, 1:100 000, Blatt 228, Siena, Grosseto Nord.

23 Hügelland Maremma Pisana

Panorama-Tour um Suvereto

km **7**
Etappen **5**
Stunden **2,5**
Höhenunterschied **240**

Etappen
Parkplatz – unteres Stadttor 0,2 km – Friedhof 0,5 km – Wegespinne in Sattel 1 km – Belvedere 1,5 km – Suvereto 3,5 km

Tourencharakter
Über Hügel, die ein halbkreisförmiges Tal mit zahllosen Olivenbäumen einfassen; langer, streckenweise steiler Anstieg auf Fahrweg, ebensolcher Abstieg auf ruhigem Sträßchen

Sehenswertes am Weg
Befestigtes Städtchen Suvereto mit Burgruine; Weiler Belvedere in Aussichtslage

Wegmarkierung
Streckenweise grüner Punkt; Orientierung problemlos

→ Vom Parkplatz am Rand der **Altstadt** von **Suvereto** gehen wir auf die Altstadt zu, folgen nach rechts der Altstadt-Umgehung (Via Marconi) 200 m weit und wenden uns nach links zur romanischen Kirche **S. Giusto** (12. Jh.) mit schönem Portal. Durch ein mittelalterliches Stadttor betreten wir die Altstadt und durchqueren auf der Via G. Matteotti und der sich anschließenden Via Magenta das Städtchen, das seinen mittelalterlichen Charakter bewahrt hat.

Für einen Besuch der **Ruine der Burg**, die im 14. Jh. oberhalb der Stadt erbaut wurde, wenden wir uns außerhalb des nördlichen Stadttors nach rechts auf die Via D. Bella Ragazza und steigen nach 50 m auf einem Fußweg 200 m weit zur Burg hoch.

Auf demselben Weg kehren wir zurück zum Stadttor und folgen einer nach rechts zum Friedhof hinunterführenden Zypressenallee. Am Friedhof vorbei und leicht nach rechts gehen wir auf einem breiten Fahrweg auf den Hang zu und steigen zwischen Olivenbäumen steil auf in einen Sattel, der einen schönen **Blick** auf **Suvereto**, auf das Tal des Flusses **Cornia** und auf die **Küstenebene** bietet.

An der Wegespinne im Sattel wenden wir uns scharf nach links (Markierung: dunkelgrüner Punkt) auf einen Fahrweg, der zunächst bequem zwischen eingezäunten Wiesen mit Olivenbäumen hindurchführt, dann ansteigt und bei zwei Wohnhäusern nach links abknickt.

Stetig *bergauf* am sonnigen Südhang des Hügelrückens, stets mit herrlichem **Ausblick** auf das kesselförmige, aufgrund unzähliger Olivenbäume silbrig-grün erscheinende Tal, dessen Ausgang von Suvereto »bewacht« wird, erreichen wir ein zum **Weiler Belvedere** hinaufführendes Sträßchen. Nach rechts folgen wir dem Sträßchen wenige hundert Meter weit zu den auf dem Gipfel des Hügels um einen rechteckigen Platz gruppierten Gebäuden von Belvedere.

Auf demselben Weg kehren wir zurück, bleiben nun aber auf dieser Panoramastraße, die in zahlreichen Kurven bergab führt. Wir passieren einzelne moderne Wohnhäuser und ein Waschhaus, genießen von der

Steil und eng sind die Gassen in Suvereto, einem Bergnest oberhalb der Küstenebene.

Scheitelhöhe des Hügelrückens den **Ausblick** auf **Suvereto** und das **Meer**, auf den **Monte Calvi** (646 m) in westlicher und auf die Hügelketten in östlicher Richtung. Das Sträßchen führt am hier bewaldeten Talhang zum Ortsrand von Suvereto hinunter, wo wir in einer Rechtskurve des Sträßchens geradeaus weitergehen, uns nach wenigen Metern nach *links* wenden und wieder durch das *nördliche Tor* in die Stadt gelangen.

Auf demselben Weg, auf dem wir die Tour begonnen haben, kehren wir zu unserem Ausgangspunkt zurück.

Informationen zur Tour

■ Ausgangsort

Suvereto (Prov. Livorno), ca. 70 km südlich von Livorno.

23 Hügelland Maremma Pisana

■ Anfahrt

PKW: Auf der Küstenstraße SS 1, Livorno – Grosseto, bis Venturina; auf einer Landstraße 10 km nach Suvereto; ausgeschilderter Parkplatz nahe der Straße in Richtung Sassetta.
Bahnlinie Pisa/Livorno – Grosseto bis Stazione di Campiglia Marittima. Vom Bahnhof Bus nach Suvereto
Bus: von Piombino, jeweils Mo–Sa mehmals täglich; Haltestelle am oben beschriebenen Parkplatz.

■ Unterkünfte

- Hotel Rossi (**), Via Indipendenza 190, Tel. 05 65/85 12 56; in Venturina.
- Agriturismo Le Foreste, Tel. 05 65/85 41 05; an der Straße Suvereto – Venturina
- Privatzimmer Pazzagli Nada, Via S.Rocco, Tel. 05 65/82 92 13; in Suvereto.

■ Einkehrmöglichkeiten

In Suvereto Bars, Pizzeria Ristorante Enoliteca Ombrone.

■ Auskunft

Ufficio Turistico, Piazza S.Francesco, Suvereto, Tel. 05 65/82 93 04; Juni – Sept.

■ Karte

Carte Stradale Provinciali, 1:100 000, Blatt 228, Siena, Grosseto Nord.

Immer wieder passiert man beim Wandern ausgedehnte Anpflanzungen von knorrigen, alten Olivenbäumen.

24 Am Golf von Baratti

Etruskische Nekropole, mittelalterliche Festung

km **7,5**
Etappen **4**
Stunden **2,5**
Höhenunterschied **240**

Etappen
Parkplatz bei Baratti – Nekropole 0,5 km – S. Quirico 2,3 km – Populónia 2 km – Parkplatz 2,5 km

Tourencharakter
Bewaldete Hügel auf einem in das Ligurische Meer hineinragenden Landvorsprung; langer Anstieg auf Waldweg, Abstieg von Populónia auf Straße

Sehenswertes am Weg
Nekropole di S. Cerbone; etruskische Straße; Populónia mit Festung, Kirche und archäologischem Museum; Bootshafen von Baratti

Wegmarkierung
Rot-weißer Querbalken zwischen S. Quirico und Populónia

→ Vom Parkplatz an der Küstenstraße bei **Baratti** gehen wir auf einem Fußweg entlang der Straße nach rechts zur **Nekropole di San Cerbone**.

Auf dem ausgedehnten Gelände befinden sich zahlreiche **etruskische Grabstätten**, in denen zwischen dem 9. und 2. Jh. v. Chr. jeweils meist mehrere Tote bestattet wurden. Sehr unterschiedlich sind die **Grabtypen**: aufgemauerte Grabkammern, die durch runde Grabhügel abgedeckt wurden; aus Quadern errichtete Kammern mit Satteldach, sogenannte Ädikula-Gräber; Sarkophagen ähnelnde Gräber aus Steinplatten oder herausgehauen aus einem einzigen Steinblock. In den Gräbern wurden kostbare Grabbeigaben gefunden, die z. T. im **Museum in Populónia** zu sehen sind. Daß die Nekropolen sich erhalten haben, ist der Tatsache zu verdanken, daß sie bis zu Beginn des 20. Jh. unter Schlackehalden begraben waren. Die Etrusker verhütteten hier nämlich Kupfererz aus den in der Nähe gelegenen Colline Metallifere, spä-

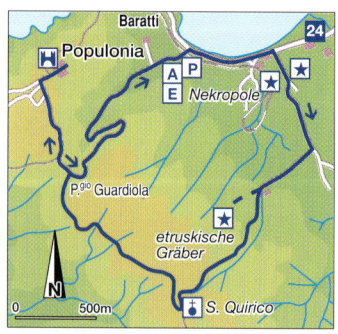

ter Eisenerz von der Insel Elba und lagerten die Schlacke, um sich einen aufwendigen Abtransport zu ersparen, einfach auf den nahegelegenen Grabstätten ab. Sowohl Führungen als auch die Informationstafeln in der Nekropole sind leider nur in italienisch.

Zwischen den zwei Ausgrabungsarealen führt ein leicht ansteigender Fahrweg 1 km weit zu einer *Wegkreuzung*, an der wir dem Weg nach *rechts* folgen. Einen Zaun am Waldrand übersteigen wir mittels der linken der zwei Steighilfen, gehen 10 m weit und biegen *rechts* ab auf einen Waldweg, der am rechten Rand einer flachen Rinne ansteigt. Der Weg wird zu einem *Hohlweg* – jetzt befinden wir uns auf einer etruskischen Straße – und windet sich im dichten, immergrünen *Wald* am stellenweise felsigen Hang steil *bergauf*.

Auf der Scheitelhöhe des Hügelrückens stoßen wir auf einen querlaufenden Waldweg, der nach rechts 50 m weit zu einem weiteren *Querweg* führt. Hier wenden wir uns nach links (*rot-weißer Querbalken*) und erreichen die **Kapelle San Quirico**.

Nach rechts folgen wir nun einem Forstweg, der am meerseitigen Hang des Hügelrückens verläuft – im Südwesten ist immer wieder **Elba** zu sehen – und in einem Sattel in die nach Populónia hochführende Straße einmündet. Auf der Straße (links gehen!) steigen wir zwischen Mauern – die Mauersockel bestehen aus großen polygonalen Steinen, was auf ihre etruskische Herkunft schließen läßt – hoch nach **Populónia** und betreten das auf einem Hügel sitzende winzige Dorf.

Hier lag vom 9. bis zum 2. Jh. v. Chr. die Oberstadt der Etrusker, gegen Angriffe durch eine Mauer aus groben Quadern geschützt. Dennoch wurde die Stadt um 80 v. Chr. von römischen Truppen zerstört. Jahrhundertelang war der Ort verlassen, bis adlige Landbesitzer sich im 14. Jh. hier wieder niederließen und eine **Festung** errichteten, die heutige **Rocca**, mit mächtigem Bergfried und rundem, zinnenbewehrtem Turm. Das Dorf besteht aus einer kleinen Kirche, einigen wenigen Häusern, einer Bar und einem Souvenirgeschäft sowie dem **Museo Etrusco**, das Grabfunde aus der Nekropole zeigt.

Auf der Straße, die am bewaldeten Hang in zwei Kehren hinabführt,

Still ist es heute in der Bucht Golfo di Baratti, wo sich zu Etruskerzeiten ein wichtiger Erzumschlaghafen befand.

gelangen wir an die Küste, passieren eine links abzweigende Sackgasse, die zu einem Restaurant und einer Bar am **Bootshafen** führt, und erreichen wenig später wieder unseren Ausgangspunkt.

Informationen zur Tour

■ Ausgangsort

Baratti, (Provinz Livorno) aus einigen verstreut liegenden Häusern bestehender Weiler an der Bucht Golfo di Baratti; 15 km nördlich von Piombino.

■ Anfahrt

PKW: Auf der Küstenstraße SS 1, Livorno – Grosseto, bis Venturina; auf Landstraße 8 km nach Baratti (Ausschilderung: Populónia); Parkplatz an der Straße zwischen der Nekropole und dem Hafen von Baratti.
Bus: Piombino – Baratti – Populónia; mehrmals täglich.

■ Unterkünfte

- Albergo Alba (*), Tel. 05 65/ 2 95 21; am Ortsanfang von Baratti rechts.
- Campingplatz Albatros, Tel. 05 65/70 10 18, in Pineta di Torre Nuova; einige Kilometer nördlich von Baratti.

■ Einkehrmöglichkeiten

- In Populónia Bar sowie Restaurant Lucumone.
- In Baratti zwei Restaurants.

■ Öffnungszeiten

- Nekropole S. Cerbone, täglich geöffnet, Führungen nur für Gruppen ab 5–6 Personen.
- Castello di Populónia 9–12.30 und 14.30–17.00.
- Museo Etrusco (Gasparri), durchgehend geöffnet.

■ Auskunft

Ufficio Turistico, Piazzale Premuda, Tel. 05 65/22 44 32, 57025 Piombino; Juni – Sept.

■ Karte

Carta turistica e dei sentieri, 1 : 25 000, Isola d' Elba, Isola di Capraia, Isola di Montecristo.

■ Variante

Abstecher zu einer Nekropole mit zahlreichen, nicht betretbaren Schachtgräbern (zusätzlich 800 m; 20 Min.): Von der Nekropole zum Waldrand und über die rechte der beiden Steighilfen; auf breitem Waldweg geradeaus, dann links abbiegen auf Waldweg, der recht steil ansteigt zu den Gräbern. Bei Nässe rutschig.

25 Zur Nekropole von Vetulónia

Bergdorf über der Mündungsebene des Ombrone

Etappen
Vetulónia (Friedhof) – Abzweigung in Scala Santa 2 km – Straße in Talebene 2,5 km – Abzweigung zur Nekropole 0,8 km – Straße nach Vetulónia 3 km – Vetulónia 2,5 km

Tourencharakter
Die etruskische Nekropole erstreckt sich 2 km weit auf einem Ausläufer des Hügels, auf dem Vetulónia liegt; von Vetulónia Abstieg in die Talebene; 5,5 km langer, recht steiler Anstieg; je zur Hälfte auf Fahr- bzw. Waldwegen und auf Asphalt. Kaum Schatten!

Sehenswertes am Weg
Mehrere Ausgrabungsstätten; Reste einer etruskischen Mauer; etruskische Nekropole

Wegmarkierung
Keine; Orientierung problemlos

Ausrüstung
Sonnenschutz; Proviant, da unterwegs keine Einkehrmöglichkeit

➡ Vom Parkplatz in **Vetulónia** gehen wir zurück in Richtung *Dorfstraße*, wenden uns aber schon nach wenigen Metern nach *rechts* (*Ausschilderung: Corpo di Guardia*) zu den beiden eingezäunten Ausgrabungsarealen **Costa Murata** und **Costa dei Lippi**. In einem kleinen Gebäude erwerben wir die Eintrittskarten (aufbewahren für die Nekropole!) und erhalten Zutritt zu einem Teilstück einer zwischen Mauern verlaufenden römischen Straße und zu den auf der Höhe einer Erhebung – von hier beeindruckender **Rundblick** über die **Hügellandschaft** – ausgegrabenen Grundmauern einiger Gebäude, die aufgrund der dort gemachten Terrakotta-Funde als etruskisches Heiligtum gedeutet werden.

Im 8./7. Jh. v. Chr. gehörte Vetulónia zu den mächtigsten Städten Etruriens. Bodenschätze in den nahegelegenen Colline Metallifere hatten die Stadt reich gemacht, die damals gleichzeitig auch Hafenstadt war, denn die heutige Mündungsebene des Ombrone war eine flache Bucht. Als diese zu versanden begann, setzte der Abstieg Vetulónias ein, der bis zur völligen Bedeutungslosigkeit führte. Römische Truppen zerstörten um 80 v. Chr. die Siedlung, so daß im Ort selbst nur wenige Reste aus jener Zeit übrigblieben.

Auf der Dorfstraße steigen wir an zur Piazza von Vetulónia. Von der Piazza folgen wir nach *links* (*Ausschilderung: Vetulónia Etrusca – Mura dell`Arce*) einer gepflasterten Gasse, vorbei an der **Kirche** und einem **Aussichtspunkt**, von dem aus das benachbarte, ebenfalls auf einem Hügel sitzende **Buriano** zu sehen ist, zu einer **etruskischen Mauer**. Die Reste dieser aus mächtigen polygonalen Steinen bestehenden Mauer wurden in späterer Zeit als Fundament für Hausbauten benutzt.

Wenige Meter vor der Mauer zweigt ein breiter Pflasterweg ab, der am Hang steil *bergab* führt und in die *Zufahrtsstraße* nach *Vetulónia* einmündet. Dieser folgen wir nach rechts bergab zu einer weiteren Ausgrabungsstätte (**Scavi di città**). Rechts der Straße sind Fundamentmauern zu sehen, zwischen denen eine Pflasterstraße verläuft, die sog. **Via dei Sepulchri**, die vermutlich die etruskische Siedlung mit der Nekropole verband. Links unterhalb der Straße befindet sich ein freigelegter Abschnitt einer mächtigen Mauer, die sowohl als Teil der einstigen Stadtbefestigung als auch als stützender Unterbau für die höher am Hang stehenden Gebäude gedeutet wird.

Die Straße führt auf dem schmalen *Hügelrücken* zwischen einzelnen Bauernhäusern, Gärten und Olivenbäumen weiter bergab und an der auf einer niederen Erhebung stehenden mittelalterlichen **Ruine Il Convento** vorbei. Nach einer engen Kurve wenden wir uns bei den wenigen Häusern von **Scala Santa** an einem Bildstock – hier führt ein abgesperrter Privatweg geradeaus – scharf nach *rechts*.

Zwischen zwei Bauernhäusern hindurch folgen wir hangabwärts einem *Feldweg* um einen kleinen Taleinschnitt herum und stoßen auf die Straße *Vetulónia – Buriano*. Wir überqueren die Straße schräg nach links und steigen auf einem Waldweg in einem engen Tal ab, zunächst an der rechten Talseite, dann, nach Überqueren eines *Bächleins*, am *linken Talhang*.

Am Fuß des Hanges verlassen wir den Wald und stoßen hinter einem *Gehöft* auf einen Fahrweg, der nach rechts am Gehöft vorbeiführt und dann nach einigen hundert Metern in ein querlaufendes Sträßchen einmündet.

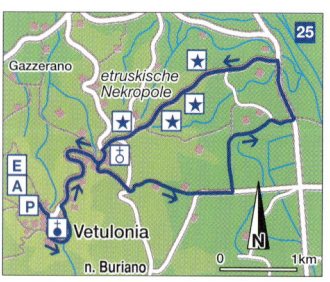

25 Zur Nekropole von Vetulónia

Dem auf der Talebene verlaufenden Sträßchen folgen wir nach links zwischen Feldern, Wiesen und vereinzelten Weinfeldern zu einer *Brücke* über einen schmalen **Kanal**. Unmittelbar vor der Brücke biegen wir nach links auf einen asphaltierten Fahrweg ab (*Ausschilderung: Vicinale di Vado al Trave*) und erreichen entlang des Kanals eine Weggabelung. Wir halten uns *rechts*, überqueren den Kanal und gelangen wenig später an einen Fahrweg, der nach rechts zu einer Landstraße führt.

Nach links folgen wir der Straße 800 m weit zu einem *links* abzweigenden Fahrweg (*Ausschilderung: Strada vicinale di Badia Vecchia*), auf dem wir auf der Scheitelhöhe eines Hügelrückens ca. 3 km weit streckenweise recht steil ansteigen zu den entlang des Weges weit auseinanderliegenden **etruskischen Gräbern**. Zwischen Zäunen, später zwischen Hecken und kurzzeitig zwischen Mauern – Größe und Form der Steine lassen darauf schließen, daß sie von etruskischen Bauwerken stammen – erreichen wir einen *rechts* abzweigenden Wiesenweg, der über eine Schafweide mit knorrigen Olivenbäumen 200 m weit zur **Tomba della Fibula d'Oro** führt.

Wir kehren zum Fahrweg zurück und gelangen wenig später zu dem großen Grabhügel **Tomba del Diavolino II (o Pozzo dell'Abate)** mit einer rechteckigen Grabkammer, deren »falsches« Gewölbe durch eine Säule getragen wird. Der Name bezieht sich auf eine der Grabbei-

Außerhalb ihrer Siedlungen bestatteten die Etrusker ihre Toten in steinernen Grabkammern, z.B. in der Tomba di Belvedere bei Vetulónia.

gaben: eine kleine Figur, die man fälschlicherweise als Teufelchen deutete.

Nach einigen hundert Metern erreichen wir das Kuppelgrab **Tomba della Pietrera**, das als das bedeutendste Grab der Nekropole gilt. An der Einmündung unseres Fahrwegs in die Straße *Buriano – Vetulónia* stoßen wir auf das letzte freigelegte Grab der Nekropole, die **Tomba di Belvedere**.

Der Straße folgen wir *bergauf* (links gehen!) zur Einmündung in die von Grilli heraufführende Straße und kehren auf ihr, stetig ansteigend, zu unserem **Ausgangspunkt** zurück.

Informationen zur Tour

■ Ausgangsort

Vetulónia (Prov. Grosseto), Bergdorf auf 340 m Höhe, ca. 25 km nordwestlich von Grosseto.

■ Anfahrt

PKW: Küstenstraße SS 1, Livorno – Grosseto, Ausfahrt Giuncárico / Grilli, ca. 20 km nördlich von Grosseto; auf Landstraße 10 km nach Vetulónia; ausgeschilderter Parkplatz am Ortsrand vor dem Friedhof.
Bus: Von Grosseto (RAMA) nur einmal täglich.

■ Unterkünfte

- Nächste Hotels in Grosseto, u. a. Bastiani Grand Hotel (****), Piazza Gioberti, 64, Tel. 05 64/ 2 00 47, in Zentrumsnähe.
- Taverna Etrusca mit einfachen Zimmern; in Vetulónia.
- Mehrere Campingplätze in Marina di Grosseto.

■ Einkehrmöglichkeiten

- La Vecchia Cantina (kleine Gerichte) in Vetulónia.
- Taverna Etrusca, mit Veranda (nur mittags und ab 19 Uhr), Bar durchgehend geöffnet.

■ Öffnungszeiten

- Costa Murata und Costa dei Lippi, 9 Uhr – Sonnenuntergang.
- Tomba della Pietrera und Tomba del Diavolino, im Sommer 8–19.30, im Winter 9–16.30 Uhr.
- Tomba di Belvedere immer zugänglich.

■ Auskunft

Ufficio Turistico, Viale Monterosa, 206, 58100 Grosseto, Tel. 05 64/ 45 45 10.

■ Karte

Carte stradali provinciali, 1:100 000, Blatt 228, Siena, Grosseto Nord.

26 Sovana: Etruskische Nekropole

Monumentale Gräber, romanische Kirchen

km	
6,5	
Etappen	
7	
Stunden	
2,5	
Höhenunterschied	
190	

Etappen
Sovana – Colombario a lacunari 0,4 km – Tomba del Sileno 0,4 km – Tombe sul Folonia 0,7 km – Fosso della Calesine 2,7 km – Tomba Ildebranda 0,4 km – Tomba della Sirena 1,2 km – Sovana 0,7 km

Tourencharakter
Auf Fahrweg und teils schmalen Pfaden zu den Grabanlagen; leichtes Auf und Ab.

Sehenswertes am Weg
Sovana mit mittelalterlichem Charakter; romanische Kirche Santa Maria und Kathedrale; etruskische Nekropole; Überreste etruskischer Straßen

Wegmarkierung
Keine

Ausrüstung
Taschenlampe

➡ Vom Parkplatz am Rand von **Sovana** gehen wir zur **Piazza del Pretorio**, dem Zentrum des Dorfes.

Angelegt wurde der Ort im 7. Jh. v. Chr. als etruskische Siedlung. Das heutige Ortsbild jedoch ist mittelalterlich: Die gepflasterte **Piazza del Pretorio** umgeben der **Palazzo Comunale** (12./13. Jh.), erkennbar an dem Glockentürmchen, der wappengeschmückte **Palazzo Pretorio** (12./13. Jh.), die **Loggia del Capitano**, der **Palazzo Bourbon del Monte** (17. Jh.) mit Arkaden und die Kirche **Santa Maria** (12./13. Jh.) mit dem seltenen Beispiel eines **Ziboriums** (8./9. Jh.), eines steinernen Baldachins über dem Altar; an den Wänden interessante **Fresken**. Der *Via del Pretorio* folgen wir nach links zur mächtigen (nicht zugänglichen) Burgruine **Rocca Aldobrandesca** (11. Jh.).

Wir verlassen den Ort auf der Straße in Richtung *Pitigliano* und biegen nach 50 m *links* ab auf einen Fahrweg, der in das Tal des **Fosso della Calesina** hinunterführt. In der ersten Linkskurve des Weges gehen wir durch ein Gatter *geradeaus* und überqueren ein Rinnsal.

Links am Hang befindet sich das **Colombario a lacunari**. Die Decke der Grabkammer ist mit kassettenartigen Vertiefungen geschmückt, an den Wänden befinden sich Vertiefungen für Urnen. Wir kehren um, gehen vor dem Rinnsal links durch ein Gatter und auf der Talsohle talaufwärts zur **Tomba del Sileno** (3. Jh. v. Chr.), das einzige Beispiel einer runden Grabkammer.

Auf demselben Weg kehren wir zur Straße zurück und gehen auf die *Burgruine* zu, biegen aber nach wenigen Metern *links* ab auf die Straße, die zum Sportplatz führt. Nach 30 m steigen wir auf Stufen zu einem Bächlein hinunter und erreichen (*Ausschilderung: Necropoli del Torrente Folonia*) im engen Tal eine Ansammlung von Gräbern, die ihrer Form wegen als Halbwürfelgräber bezeichnet werden.

Nach diesem Abstecher folgen wir der Straße nach links bergauf zum Sportplatz. Wenige hundert Meter danach zweigt in einer Linkskurve ein Fahrweg in Richtung Casa Ripa rechts ab.

Hier bietet sich ein lohnender Abstecher an zu einem gut erhaltenen Abschnitt einer etruskischen Straße: dem bisherigen Fahrweg bis zur nächsten Rechtskurve folgen und dort 30 m geradeaus.

Dem Fahrweg in Richtung Casa Ripa folgen wir bis dorthin, wo der Wald zurückweicht. Hier gehen wir rechts durch ein Gatter und auf einem undeutlichen Pfad den Waldrand entlang. An einer Stelle ist zu sehen, daß wir uns auf der Trasse einer etruskischen Straße befinden. Wir gehen um eine tief eingegrabene Bachrinne herum und nun unmittelbar am *Waldrand* zu einem bewaldeten Taleinschnitt, wo auf der

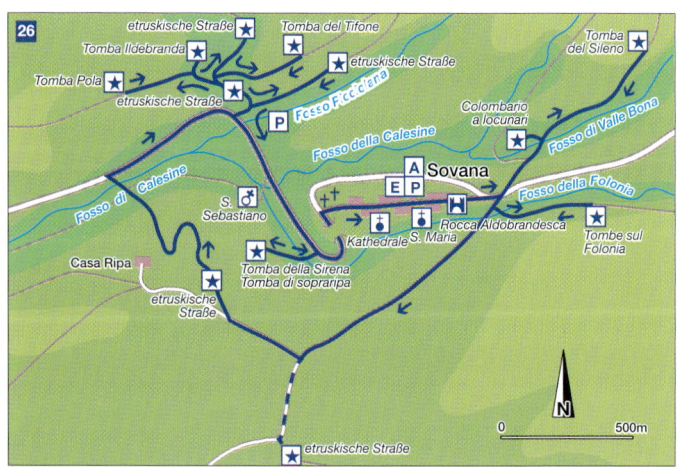

anderen Seite zwischen Bäumen das Gehöft **Casa Ripa** zu sehen ist. Leicht nach rechts führt hier ein breiter Waldweg in einem weiten Bogen in das Tal des **Fosso della Calesine** hinunter.

Wir überqueren das Flüßchen und folgen der Straße *Sovana – S. Martino sul Fiora* 300 m nach rechts zu einem Parkplatz, von dem wir nach links ansteigen zur **Tomba Ildebranda**, dem eindrucksvollsten Grabmal, das nach dem bekanntesten Bewohner Sovanas, Ildebrando, dem späteren Papst Gregor VII., benannt wurde.

Aus dem Fels gehauene Stufen führen zu einem Grabmal in Tempelform hinauf. 12 Säulen stützten einen Fries, der mit Tier- und Pflanzenmotiven geschmückt war. Eine Säule ist noch erhalten, vom Fries sind nur Fragmente vorhanden.

Von hier führt ein Pfad am Hang 200 m weiter zur **Tomba Pola**, ebenfalls ein Grabmal in Tempelform, von dem wenig erhalten ist. Wir kehren um, passieren die *Tomba Ildebranda* und folgen an einer Weggabelung dem links ansteigenden Weg 100 m weit zu **Il cavone di Poggio Prisca**, einer etruskischen Straße, die zu einem mehrere Meter tiefen Hohlweg geworden ist. Das einstige Straßenniveau kann man an den Nischen und Grabmälern im oberen Teil der Steilwand ablesen.

Zurück an der Weggabelung wenden wir uns nach links auf einen Pfad, der an Grabkammern und -schächten vorbei zur **Tomba del Tifone** führt, einem Grabmal in Hausform.

Wir kehren zurück zum Parkplatz, wo wir nach links einem Fahrweg folgen zur **Cava di Prisca**, einer weiteren zu einem Hohlweg gewordenen etruskischen Straße.

Vom Parkplatz gehen wir auf der Straße in Richtung **Sovana** und passieren die Kirchenruine von **S. Sebastiano**. Wo die Straße eine Linkskurve macht, queren wir die Talsohle und steigen am Talhang zu weiteren Gräbern an. Neben »Halbwürfelgräbern« die **Tomba della Sirena** mit skulpturengeschmücktem Giebel und die **Tombe di sopraripa**.

Der Straße folgen wir durch einen 120 m langen Tunnel (links gehen! Taschenlampe!), steigen am Tunnelende rechts über Treppenstufen hoch zum Friedhof und zur Kathedrale **SS. Pietro e Paolo** (11./12. Jh.) mit schönen Kapitellen und eindrucksvoller Krypta.

In der *Via del Duomo* passieren wir das angebliche **Geburtshaus** des Mönches Ildebrando und erreichen wieder die **Piazza del Pretorio**.

Informationen zur Tour

■ Ausgangsort

Sovana (Prov. Grosseto), Dorf im Süden der Toskana.

■ Anfahrt

PKW: SS 2, Siena – Viterbo; in Lorenzo Nuovo abbiegen auf die SS 74 nach Pitigliano; 8 km bis Sovana; Parkplatz am Ortsrand.
Bus: Von Pitigliano und Grosseto, werktags nur 1–2mal täglich.

■ Unterkünfte

- Taverna Etrusca, Via Pretorio, 16, Tel. 05 64/61 61 83.
- Albergo Scilla (*), Via del Duomo, 5, Tel. 05 64/61 65 31.
- Privatzimmer Tel. 0564/61 61 86; Via Pretorio; alle in Sovana.

■ Einkehrmöglichkeiten

- Ristorante und Bar Scilla (Mo geschl.)
- Taverna Etrusca
- Pizzeria Tavernelle (Do geschl.); alle in Sovana

■ Öffnungszeiten

Tomba Ildebranda, täglich 9–18 Uhr.

■ Karte

Broschüren zur Umgebung in der Taverna Etrusca.

Aus dem weichen Tuffgestein des Talhangs schlugen die Etrusker beeindruckende Grabmale heraus, unterhalb derer die Grabkammern lagen; hier die Tomba Ildebranda.

27 Über dem Tyrrhenischen Meer

Zur ehemaligen Römersiedlung Cosa

km **4,5**	
Etappen **5**	
Stunden **1,5**	
Höhenunterunterschied **130**	

Etappen
Parkplatz am Torre della Tagliata – Porta Romana 1,5 km – Kapitol 0,3 km – Porta Fiorentina 0,4 km – Tagliata Etrusca 2 km – Parkplatz 0,3 km

Tourencharakter
Cosa liegt auf dem Gipfelplateau eines niederen Hügels unmittelbar an der Küste; am Hang die locker bebaute Villensiedlung Ansedónia

Sehenswertes am Weg
Ausgrabungsareal des römischen Cosa mit Archäologischem Museum; Kanal Tagliata Etrusca

Wegmarkierung
Keine; Orientierung einfach

→ Vom **Torre della Tagliata**, auch **Torre Puccini** genannt, folgen wir der Straße über einen Kanal und gehen, vorbei an einem Restaurant, zwischen den ersten Ferienhäusern von *Ansedónia* und üppigen Gärten mit Palmen, Agaven und Opuntien am Hang hoch zur ersten rechts abzweigenden Straße. Auf dieser *Sackgasse* gehen wir bis zum Straßenende, steigen links auf *Treppenstufen* zu einer querlaufenden Straße an, der wir nach *rechts* 200 m weit folgen zu den letzten Häusern der Siedlung.

Nach links steigen wir auf der Viale del Lentisco entlang des Ortsrands am landseitigen Hang stetig an und halten uns, wo die Straße links abknickt, geradeaus.

Ein schattiger Weg, der wenig später an der Steinpflasterung mit eingetieften Karrenspuren als **römische Straße** zu erkennen ist, führt stetig leicht am Hang empor, an ersten Mauerresten von Gebäuden vorbei und zu der an dieser Stelle noch immer mehrere Meter hohen Stadtmauer der römischen Stadt **Cosa**.

Durch die **Porta Romana**, ebenso wie die 1,5 km lange Stadtmauer aus teilweise riesigen Steinblöcken errichtet, betreten wir das einst recht weitläufige Siedlungsareal. Hier legten im Jahr 273 v. Chr. die Römer eine Kolonie an, in der 4000–5000 Siedler Platz fanden. Die Straßen verliefen im rechten Winkel zueinander; Zentrum der Siedlung war das Forum, zu dem wir von der Porta Romana geradeaus über das heute als **Parco Archeologico di Cosa** (Erläuterungstafeln zu den Ausgrabungen auch in deutsch) bezeichnete, mit uralten Olivenbäumen bestandene Gelände gehen.

Das Forum, ein rechteckiger Platz, war umgeben von den wichtigsten öffentlichen Gebäuden: Basilika, Tempel, Verwaltungsgebäude und Versammlungsraum der Kurie. Die Blütezeit der Kolonie war recht kurz: Bereits im 1. Jh. v. Chr. verließen viele den Ort, wohl bedingt durch die wenig ergiebige Landwirtschaft. Vom Forum führte die »via sacra« zum höchsten Punkt (113 m), wo sich der nochmals ummauerte heilige Bezirk mit einem Tempel und dem Kapitol befand. Von hier eröffnet sich ein wunderbarer **Blick** auf das **Meer**, auf die benachbarte Halbinsel **Monte Argentário** und die **Laguna di Orbetello**.

Vom Kapitol folgen wir einem Wiesenweg zum **Archäologischen Museum**. Neben dem Museum kann ein ausgegrabenes Wohnhaus, **Casa dello Scheletro**, besichtigt werden. Im Museum geben Karten, ein Modell des Forums, interessante Fundstücke sowie gut verständliche Texte (auch in Englisch) einen Überblick über die Entwicklung der Siedlung.

Auf einem Fahrweg verlassen wir Cosa durch die **Porta Fiorentina** und gelangen auf einem Sträßchen an eine Straßenkreuzung. Wir wenden uns scharf nach *links* in die *Via delle Ginestre*, die zwischen Villen und Ferienhäusern mit ihren großen, parkartigen Gärten zunächst ansteigt, dann zur querlaufenden *Via delle Mimosa* fällt.

Ihr folgen wir nach links, biegen nach 100 m rechts ab und wenden uns vor dem Zugang zum (nicht zugänglichen) **Torre di San Pancrazio Vecchio** (Torre di San Biagio) nach links in die *Via della Tagliata*. Nach 200 m biegen wir *rechts* ab (*Schild: Strada senza uscita*) und folgen dieser zypressengesäumten Sackgasse bergab zu einer Gabelung, an der wir geradeaus weiter-

Wo zu Römerzeiten 5000 Menschen lebten, wachsen heute Olivenbäume zwischen Mauerresten.

gehen. Nach 20 m steigen wir über Treppenstufen zur **Küste** ab, überqueren den tiefen Felsspalt **Spacco della Regina**, der wohl eher natürlichen Ursprungs ist als, wie schon angenommen wurde, Teil einer Entwässerungsanlage.

Wo sich die Treppe wenige Meter oberhalb des Wasserspiegels gabelt, halten wir uns zunächst nach *rechts*. Entlang eines in römischer Zeit aus dem Fels herausgehauenen Kanals, des **Tagliata Etrusca**, gehen wir 30 m weit zur Mündung des Kanals, der verhinderte, daß der in Küstennähe gelegene Burano-See versumpfte und der Hafen versandete.

Wir kehren um und steigen vollends hinunter zum **Kanal**. Am Strand passieren wir die Überreste eines verlandeten kleinen Hafens und kehren zu unserem Ausgangspunkt am **Torre della Tagliata** zurück, wo sich die Mauerreste eines römischen Gebäudes befinden.

Informationen zur Tour

■ Ausgangsort

Ansedónia (Prov. Grosetto), kleiner Ferienort nahe der Halbinsel Monte Argentário.

■ Anfahrt

PKW: Küstenstraße SS 1 (Via Aurelia Etrusca), Grosseto – Civita- vécchia, bis zur zweiten (!) der beiden Ausfahrten Ansedónia, ca. 45 km südlich von Grosseto; beschränkte Parkmöglichkeiten am Strand beim Torre della Tagliata. *Keine Busverbindung.*

■ Unterkünfte

- Albergo Vinicio (**), Via delle Mimose, 86, Tel. 05 64/88 12 20; in Ansedónia.
- Zahlreiche Campingplätze an der Küste in Albinia, einige Kilometer nördlich von Ansedónia.

■ Einkehrmöglichkeiten

- In Ansedónia Restaurant Vinicio mit Tischen im Freien.
- Ristorante Pescadore in der Nähe des Parkplatzes.

■ Öffnungszeiten

- Parco Archeologico, im Sommer 9–20, im Winter bis 17 Uhr.
- Museum im Sommer 9–19, im Winter bis 14 Uhr.

■ Auskunft

Kein Informationsbüro.

■ Karte

Carta turistica e dei sentieri, 1:25 000, Parco dell'Uccellina, Monte Argentario.

28 Im Zentrum der Insel Elba

Wo Napoleon einen Sommer verbrachte

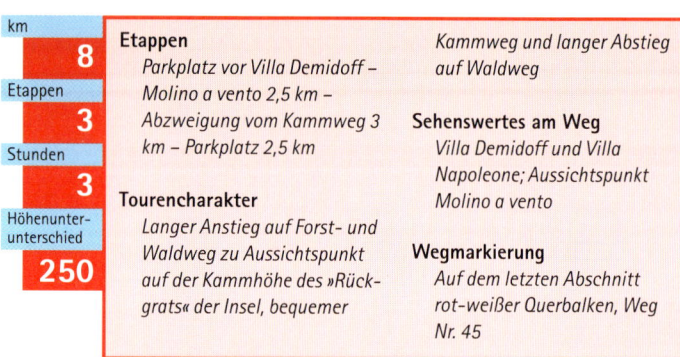

km	
	8
Etappen	
	3
Stunden	
	3
Höhenunterschied	
	250

Etappen
Parkplatz vor Villa Demidoff – Molino a vento 2,5 km – Abzweigung vom Kammweg 3 km – Parkplatz 2,5 km

Tourencharakter
Langer Anstieg auf Forst- und Waldweg zu Aussichtspunkt auf der Kammhöhe des »Rückgrats« der Insel, bequemer Kammweg und langer Abstieg auf Waldweg

Sehenswertes am Weg
Villa Demidoff und Villa Napoleone; Aussichtspunkt Molino a vento

Wegmarkierung
Auf dem letzten Abschnitt rot-weißer Querbalken, Weg Nr. 45

➡ Vom Parkplatz vor der Parkanlage der **Villa Demidoff** folgen wir einem Sträßchen, das *links* des Parkeingangs zwischen Souvenirläden und Bars hindurch- und am Rand des Parks entlangführt. Noch vor dem *Waldrand* endet der Asphaltbelag, und der auf wenige hundert Meter Länge gepflasterte Fahrweg steigt entlang eines *Baches* am bewaldeten Hang an. An einer Schranke endet auch das Kopfsteinpflaster. Dem breiten *Forstweg* folgen wir etwas steiler *bergauf*, steigen in einer *Linkskehre* steil an und gelangen auf eine Wendeplatte, von der ein Waldweg geradeaus weiterführt. Am Hang steigen wir nun bequem an, überqueren ein *Rinnsal* in einem felsigen Bachbett und biegen an derjenigen Stelle, an der rechterhand die Grenze zwischen dem Stangenwald mit hohen Bäumen und einem immergrünen Wald mit dichtem Unterholz verläuft, *rechts* ab. Sehr steil führt dieser Waldweg vollends hoch zu einem querlaufenden breiten Fahrweg, der nur wenige Meter unterhalb der Kammhöhe des Hügelrückens verläuft. Nach links erreichen wir in zwei Minuten die Ruine einer **Wind-**

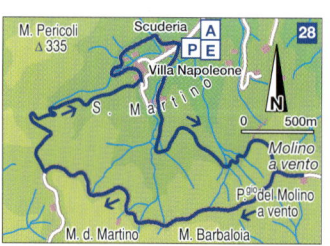

28 Im Zentrum der Insel Elba

mühle (*Molino a vento*). Von diesem **Aussichtspunkt** blicken wir sowohl nach Norden auf **Portoferraio** als auch nach Süden auf die beiden Buchten **Golfo della Lacona** und **Golfo Stella**.

Wir kehren auf dem Fahrweg zurück und gelangen auf ihm bequem und in zahlreichen Kurven zu einer *Weggabelung*. Während der breite Fahrweg nach links schwenkt, halten wir uns *rechts (rot-weißer Querbalken, Nr. 45)* und kommen auf eine Lichtung, von der aus wir den felsigen **Monte Capanne** (1018 m) erblicken. Wir wenden uns leicht nach rechts und steigen auf einem streckenweise stark ausgewaschenen *Waldweg* (*rot-weiß markiert*) in einigen Kehren zum *Waldrand* ab.

Entlang der Umzäunung des Parks der **Villa Demidoff** führt der kurzzeitig asphaltierte Fahrweg in zwei Kurven an den westlichen Talrand und unmittelbar an einigen stattlichen, zur Villa Demidoff gehörigen Gebäuden vorbei. Nunmehr sanft bergab passieren wir das elegante Park Hotel und erreichen wieder den Zugang zur Villa Demidoff, einem pompösen Gebäude mit tempelartiger Fassade. Es wurde um 1850 vom russischen Prinzen Demidoff zu Ehren Napoleon Bonapartes errichtet.

Hier sammelte er Erinnerungsstücke an die zehnmonatige Herrschaft (Mai 1814 – Februar 1815) des entthronten französischen Kaisers über die Insel Elba. Dieser war

Zur Erinnerung an Napoleon, dessen Sommerresidenz im selben Park lag, ließ der russische Prinz Demidoff eine prachtvolle Villa erbauen.

nach seiner Niederlage gegen die verbündeten europäischen Mächte nach Elba verbannt worden und hielt sich gelegentlich in dem hinter der Villa Demidoff gelegenen Haus auf, das er im Sommer der eigentlichen Residenz, der Villa dei Mulini in Portoferraio, vorzog. Zu besichtigen sind heute nur einige Räume in der Villa Napoleone.

Informationen zur Tour

■ Ausgangsort

San Martino (Prov. Livorno), aus wenigen Häusern bestehender Weiler 6 km südwestlich von Portoferraio.

■ Anfahrt

PKW: Von Portoferraio ca. 5 km in Richtung Prócchio und links abbiegen (Ausschilderung: S. Martino, Museo Napoleone); 1,5 km zu gebührenpflichtigem Parkplatz am Park der Villa Demidoff.
Bus: Von Portoferraio ATL-Stadtbus (orange) zum Parkplatz an der Villa Demidoff, mehrmals täglich; letzter Bus zurück gegen 20 Uhr.

■ Unterkünfte

- Park Hotel Napoleone (****), Tel. 05 65/91 85 02; Villa in Park; beim Parkplatz in S.Martino.
- Hotel Il Caminetto (***), Tel. 05 65/91 57 00; familiäre Atmosphäre; beim Parkplatz in S. Martino.
- Mehrere Campingplätze um Portoferraio, u.a. Acquaviva, Tel. 05 65/91 55 92; einige Kilometer westlich des Zentrums.

■ Einkehrmöglichkeiten

In S. Martino
- Bar mit Terrasse
- Restaurant im Park Hotel
- Restaurant Il Caminetto.

■ Öffnungszeiten

Villa Napoleone, werktags 9–16.30, So 9–13.30; Eintrittsgebühr gilt auch für Villa dei Mulini in Portoferraio, aber nur am selben Tag.

■ Auskunft

Ufficio Turistico, Calata Italia, 26, 57037 Portoferraio, Tel. 05 65/ 91 46 71.

■ Karte

Carta turistica e dei sentieri, 1:25 000, Isola d'Elba, I. di Capraia, I. di Montecristo.

■ Programm für Regentage

Besichtigung von Napoleons Residenz, Villa dei Mulini, in Portoferraio.

29 Im Westen Elbas

Zur Wallfahrtskirche Madonna del Monte

km	**4,5**
Etappen	**4**
Stunden	**1,5**
Höhenunterschied	**290**

Etappen
Parkplatz in Marciana Alta – Kreuzweg 0,7 km – Kirche Madonna del Monte 1,3 km – Aussichtsfelsen L'Aquila 0,3 km – Parkplatz 2,2 km

Tourencharakter
2 km langer Anstieg, großteils auf gepflastertem Kreuzweg von Marciana Alta, unterhalb der höchsten Gipfel von Elba gelegen, zur abgelegenen Kirche Madonna del Monte

Sehenswertes am Weg
Verwinkeltes Städtchen Marciana Alta mit Festung; Kirche Madonna del Monte; Aussichtspunkt auf dem Felsen L'Aquila

Wegmarkierung
Rot-weißer Querbalken, Weg Nr. 3

→ Vom Parkplatz am Ortsrand von Marciana, dem ältesten Ort der Insel, steigen wir über eine Treppe zur Straße hoch (Bushaltestelle), gehen durch enge Gassen zur Kirche **San Sebastiano** und gelangen (*rot-weiße Markierung*) über die **Piazza Vittorio Emanuele II.** und die **Piazza del Pretorio** in die *Via del Pretorio*. Hier halten wir uns links (*Ausschilderung: Fortezza Pisana*, dann auch *Museo Archeologico*) und passieren die winzige, wieder profanisierte Kirche **San Liborio** und das

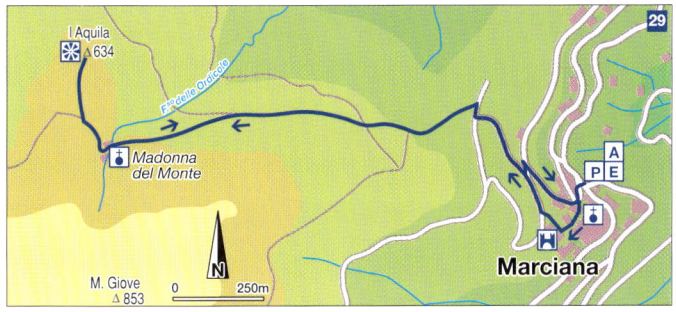

Archäologische Museum, in dem Fundstücke aus der prähistorischen und antiken Vergangenheit des Ortes gezeigt werden. Wenig später erreichen wir die **Fortezza Pisana**, die bei den Überfällen der Sarazenen im 11. Jh. als Fluchtburg diente.

Wenige Meter nur kehren wir zurück, wenden uns nach links zu einem Parkplatz – von hier bietet sich ein schöner **Blick** auf die Dächer von **Marciana** und auf den **Monte Capanne** (1018 m) – und zu einer Straße, der wir 50 m weit nach rechts folgen. *Links* zweigt ein Pflasterweg ab (*rot-weiße Markierung, Nr. 3*), der zunächst unter alten Eßkastanienbäumen ansteigt, dann zwischen Baumheide und Ginster steiler bergauf führt zu einer Wegkreuzung.

Hier beginnt ein breiter, gepflasterter *Kreuzweg*, dem wir, mit Blick auf das Meer, am felsigen Hang eines Ausläufers des **Monte Giove** (853 m) stetig bergauf folgen zur Kirche (Santuario della) **Madonna del Monte**.

Von knorrigen Kastanienbäumen sind das Küsterhaus sowie die Kirche umgeben. Diese wurde im Jahr 1595 vermutlich von einem Eremiten errichtet, der sich in eine Höhle an diesem abgeschiedenen Ort zurückgezogen hatte. Alljährlich am 15. August strömen die Inselbewohner hierher zu dem Madonnenbild (15./16. Jh.) am Hochaltar. Auch Napoleon kam während seiner Verbannung auf die Insel Elba hierher, ließ sich für einige Tage im August 1814 ein Zelt aufschlagen, genoß die Aussicht vom Adlerfelsen und traf sich, so heimlich wie möglich, mit seiner Geliebten, der polnischen Gräfin Walewska und ihrem gemeinsamen Sohn. Diese mußten jedoch überstürzt abreisen, als die Anreise von Napoleons Gattin angekündigt wurde.

Nach rechts führt ein breiter Weg, kurz darauf ein Pfad zwischen

Nur über einen gepflasterten Fußweg erreicht man die in einsamer Berglandschaft gelegene Wallfahrtskirche Madonna del Monte.

Felsbrocken zu dem wenige Meter hoch aufragenden **Granitfelsen L'Aquila**, von dessen winziger **Aussichtskanzel** wir auf die Nordküste der Insel mit den Orten **Marciana Marina, S. Andrea** und einige weitere Häusergruppen blicken.

Auf demselben Weg gehen wir zur Kirche zurück, steigen auf dem Kreuzweg ab und überqueren die Straße, die zur Festung führt.

Durch den verwinkelten Ort kehren wir wieder zu unserem Ausgangspunkt zurück.

Informationen zur Tour

■ Ausgangsort

Marciana Alta, Bergdorf oberhalb von Marciana Marina im Westteil von Elba.

■ Anfahrt

PKW: Von Portoferraio über Prócchio und Marciana Marina nach Marciana (Alta); ausgeschilderter Parkplatz am Ortsrand.
Bus: Von Portoferraio ATL-Bus (blau) mehrmals täglich; letzter Bus zurück gegen 19 Uhr.

■ Unterkünfte

In Marciana Alta keine Unterkünfte; in Marciana Marina u. a.:

- Hotel Gabbiano Azzurro 2 (****), Viale Amedeo, Tel. 05 65 / 99 70 35, ein modernes, komfortables Hotel.
- Casa Lupi (*), Viale Amedeo, Tel. 05 65 / 9 91 43; familiäres Haus im Grünen.
- Nächster Campingplatz Scaglieri, Tel. 05 65 / 96 99 40; zwischen Portoferraio und Marciana Marina.

■ Einkehrmöglichkeiten

- In Marciana Alta Bar Monilli (Mo geschl.) mit Terrasse und Blick auf Monte Capanne, bei der Festung.
- Osteria del Noce, liegt am Rückweg.
- Pizzeria und weitere Bars am Rand der Altstadt.

■ Öffnungszeiten

Archäologisches Museum, 10–12.30 und 16–19.30, täglich außer Mi.

■ Auskunft

Ufficio Turistico, Calata Italia, 26, 57037 Portoferraio, Tel. 05 65 / 91 46 71.

■ Karte

Carta turistica e dei sentieri, 1:25 000, Isola d'Elba, I. di Capraia, I. di Montecristo.

30 Oberhalb des Golfo di Campo

Zu Kirchenruine in Waldeinsamkeit

Etappen
S. Piero in Campo – Piane del Canale 3 km – S. Giovanni 1,5 km – S. Piero in Campo 3,5 km

Tourencharakter
Stark gegliederter, teilweise bewaldeter Ausläufer des Monte le Calanche (905 m); langer, steiler Anstieg auf ausgewaschenem Pfad und Fahrweg

Sehenswertes am Weg
Bergdorf S. Piero in Campo mit romanischer Kirche; Kirchenruine S. Giovanni; Torre S. Giovanni (Abstecher) in Aussichtslage

Wegmarkierung
Während des Anstiegs rot-weißer Querbalken, Weg Nr.7; bis S. Giovanni Weg Nr. 34; Rückweg Weg Nr. 7

➡ Vom Parkplatz in **S. Piero in Campo** folgen wir der *Via del Mare* (*Ausschilderung: Belvedere*) in den Ort und biegen nach 50 m *links* ab in die *Via Cavour*, die zwischen Häusern mit auffälligen Türeinfassungen aus Granit zur **Festung** führt.

Diese wurde im 12. Jh. angelegt, um das Bergdorf vor Piratenüberfällen zu schützen. In der Festung steht die **Kirche San Nicolo** (12./13.Jh.), die, ungewöhnlich für die Romanik, zweischiffig ist. Im Innern Reste von Fresken aus dem 15. Jh.

Von einer Grünanlage an der Festung bietet sich ein schöner **Blick** auf die Bucht **Golfo di Campo** und auf das Dorf **S. Ilario in Campo**.

Auf der Parallelstraße zur Via Cavour gehen wir auf die **Kirche** zu, steigen an einem Restaurant über Treppenstufen zur **Piazzetta della Porta** und zur **Piazza della Chiesa** an. Auf breiten Treppenstufen und nach rechts erreichen wir die **Piazza Garibaldi**, der wir 30 m nach links folgen – im Hintergrund der Berg **Le Calanche** – und gegenüber der Zufahrt zur Post und Ambulanz nach links auf Treppenstufen (*rot-weiße Markierung, Nr. 7*) ansteigen.

Die gut *markierte Strecke* führt uns in mehreren Rechts- und Linksabbiegungen am Ortsrand entlang und zu einem betonierten Fahrweg, der am Hang ansteigt und in einen befestigten Weg übergeht. Auf einem Absatz am *Hang* folgen wir einem querlaufenden Weg nach rechts und zwischen Granitblöcken sehr steil bergauf. Auf einem breiten *Hangabsatz*, auf dem sich einige

30 Oberhalb des Golfo di Campo

Ziegenställe und *Gemüsegärten* befinden, halten wir uns an einer Weggabelung rechts, nach 50 m an einer weiteren *Gabelung* erneut *rechts* und steigen auf einem ausgewaschenen, steinigen Pfad etwas mühsam an.

Bei einigen *Granitbrocken* vor einem **Pinienwäldchen** gabelt sich der Weg. Wir halten uns links und folgen einem rauhen Feldweg weiter steil bergauf. Vorbei an teilweise riesigen Granitblöcken, zwischen Baumheide und Pinien gelangen wir an eine Gabelung, an der wir geradeaus weitergehen zum Rand eines Pinienwaldes und hier, auf der *Piane del Canale*, auf eine Wegkreuzung stoßen.

Nach rechts führt ein Fahrweg durch **Pinienwald** sanft bergab, bietet sich immer wieder ein **Blick** auf den **Golfo di Campo** und schließlich auf die Ruine der Kirche San Giovanni. Der querlaufenden Straße *S. Piero in Campo – Poggio* folgen wir in Kehren hinunter zur Ruine der romanischen, aus Granitquadern errichteten Kirche **San Giovanni**.

Die einsam gelegene Kirche wurde im 12. Jh. erbaut und gilt als größte der in jener Zeit auf der Insel erbauten einschiffigen Kirchen. Bis 1814 wurden hier Gottesdienste abgehalten, doch heute sind nur noch die kahlen Mauern und der Glockenturm erhalten.

Früher führte hier ein wichtiger Weg vorbei, der durch den **Torre S. Giovanni** (11. Jh.) geschützt wurde. Für einen Abstecher (hin und zurück 1,5 km; ca. 30 Min.) zu diesem Turm,

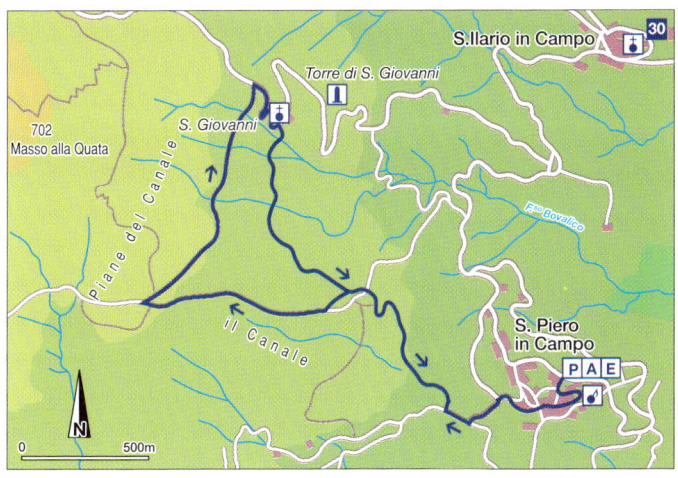

30 Oberhalb des Golfo di Campo

Abseits jeglicher Siedlung steht die romanische Kirchenruine S. Giovanni.

einem hervorragenden **Aussichtspunkt**, gehen wir auf der Straße weiter hangabwärts und kehren auf demselben Weg zur Kirche zurück.

Auf dem Kirchplatz gehen wir an den *Picknicktischen* vorbei und folgen einem *Waldweg*, der sich am Hang entlangwindet, zu derjenigen Stelle, an der sich bei unserem Anstieg der markierte Weg gabelte. Auf dem gleichen Weg, auf dem wir hierher anstiegen, kehren wir nach **S. Piero in Campo** zurück.

Informationen zur Tour

■ Ausgangsort

S. Piero in Campo (Provinz Livorno), Bergdorf im Westteil der Insel Elba, ca. 20 km südwestlich von Portoferraio.

■ Anfahrt

PKW: Von Portoferraio über Prócchio, La Pila und S. Ilario in Campo nach S. Piero in Campo; Parkplatz am Rand des Ortskerns.
Bus: Von Portoferraio nach S. Piero ATL-Bus (blau) mehrmals täglich; Haltestelle in S.Piero an der Piazza Garibaldi; letzter Bus zurück gegen 17 Uhr.

■ Unterkünfte

- Albergo Da Rosa (**), Tel. 05 65/98 31 91; in S.Piero am Ortsende in Richtung S.Ilario.
- Campingplatz La Foce, Tel. 05 65/97 64 56, in La Foce, östlich von Marina di Campo.

■ Einkehrmöglichkeiten

- In S. Piero in Campo Pizzeria Campanile (Mo geschl.) mit Aussichtsterrasse, am Campanile.
- Ristorante Cenacolo (Mi geschl.) an der Piazza Garibaldi.
- Weitere Bars im Ort.

■ Auskunft

s. Tour 28.

■ Karte

Carta turistica e dei sentieri, 1:25 000, Isola d`Elba, I. di Capraia, I. di Montecristo.

Reiseinformationen

■ Ausrüstung

Kleidung
Da die hier beschriebenen Wanderungen keine alpinen Künste voraussetzen, genügt die übliche Ausstattung für Tageswanderungen: Bei der Kleidung sollte man darauf achten, daß nichts einengt und Unter- als auch Oberbekleidung aus schnell trocknenden Fasern besteht, z. B. aus Mikrofasern, die bewirken, daß die Feuchtigkeit nach außen gelangt. Da sich sowohl die Körper- als auch die Außentemperatur im Verlauf der Tour verändert, empfiehlt sich – zumindest für die Oberbekleidung – der »Zwiebellook«, also mehrere Lagen (T-Shirt, Bluse bzw. Hemd, bequeme Hose, leichter Pullover). Wegen der intensiven Sonneneinstrahlung ist eine Kopfbedeckung sowie eine Sonnenbrille angeraten.

Da die Touren entweder auf steinigen Wald- und Feldwegen oder auf asphaltierten Sträßchen in den Städten verlaufen, genügen zumeist stabile und bequeme (!) Halbschuhe.

Nützliches für unterwegs
Der Marschrucksack für eine Tagestour sollte enthalten:
- Sonnenschutzmittel mit hohem Lichtschutzfaktor
- Regenschutz
- Heftpflaster sowie Leukoplast
- Schere
- elastische Binde
- Desinfektionsspray
- Insektenstift
- Taschenmesser
- eine Flasche Mineralwasser
- für manche Tour auch Proviant.

Ein kleines Wörterbuch hat auch schon so manchem aus der Verlegenheit geholfen, der nicht die Landessprache beherrscht.

Verpflegung
Auf den meisten Touren passiert man eine Siedlung mit einer Bar oder einem Restaurant (s. Hinweise unter »Einkehrmöglichkeiten« am Ende jeder Tour).

Beachten sollte man, daß Restaurants nur über die Mittagszeit und am Abend, Bars hingegen durchgehend geöffnet sind. Auch Lebensmittelgeschäfte, in denen man sich unterwegs versorgen könnte, sind über Mittag geschlossen (meist 13–16 Uhr). Deshalb empfiehlt es sich, auf jeden Fall Getränke mitzunehmen. Wer außerdem unterwegs eine »Brotzeit« einlegen möchte, der findet in allen Lebensmittelgeschäften genügend geeignete Lebensmittel wie Brot, Salami, geräucherten Schinken und Hartkäse.

Karten
Da es, abgesehen von den völlig veralteten und darum für unsere

Zwecke meist unbrauchbaren topographischen Karten – Maßstab 1:100 000 – des Instituto Geografico Militare, keine für Wanderungen geeignete Kartenserie gibt, die die gesamte Toskana einschließlich der Insel Elba abdeckt, muß man sich mit verschiedenen Karten unterschiedlicher Maßstäbe behelfen. Problematisch dabei ist, daß die meisten Karten auf der Grundlage der oben genannten Militärkarten erstellt wurden, so daß die Zuverlässigkeit hinsichtlich der für Wanderungen wichtigen Fahrwege, Waldwege und Pfade, zu wünschen übrigläßt.

- Carte stradali provinciali, 1:100 000, Blatt 228 Siena, und Blatt 229, Grosseto (Edizione Multigraphic, Firenze, abgekürzt EMF).
- Carta turistica stradale, 1:50 000, Chianti, und 1:50 000, Maremma (EMF).
- Carta turistica e dei sentieri, 1:50 000, Parco dell'Uccellina – Monte Argentario; 1:25 000, Isola d'Elba, I. di Capraia, I. di Montecristo (EMF).
- Carta dei sentieri e rifugi, 1:25 000, Blatt 21/22, Appennino Toscoemiliano; Blatt 26/27, Appennino Toscoemiliano; Blatt 31/32, Massiccio del Pratomagno; Blatt 33/35, Appennino Toscoromagnolo; Blatt 42/43, Monti del Chianti; Blatt 43/44, Monti del Chianti – Montagnola Senese (EMF).
- Area protetta del Montalbano – carta turistico-escursionistica, 1:25 000.
- Valleriana Trekking, 1:30 000 (Tamari Montagna Edizioni).
- Kompaß – Carta turistica, 1:50 000, Blatt 660, Firenze – Chianti, Blatt 661, Siena – Chianti – Colline Senesi; Blatt 650, 1:30 000, Isola d'Elba (Kompaß – Fleischmann, Istituto Geografico, Trento).
- Wanderkarte – Carta turistica, 1:50 000, Blatt 30, Chianciano – Valdichiana – Monte Amiata, Toskana – Prov. di Siena (freytag & berndt – mapgraphic edition).

Die genannten Karten sind in der Regel nur in größeren Städten erhältlich. Über eine gute Auswahl verfügen in Florenz die Libreria Feltrinelli, Via de Cerretani, 30 R und Libreria Stella Alpina, Via delle Panche, 35 R; die Militärkarten sind erhältlich in der Buchhandlung Geografica, Via dei Cimatori, 16; in Siena die Libreria Ticci, Via delle Terme, 7, und Libreria Senese, Via di Città, 62/66; in Pisa die Libreria Vallerini, Lungarno Pacinotti, 10; in Livorno die Buchhandlung Belforte, Via Grande, 91; in Grosseto die Buchhandlung Guastini, Corso Carducci, 61.

Bestelladressen in Deutschland:
GeoCenter – Internationales Landkartenhaus, Postfach 80 08 30, 70508 Stuttgart, Tel. 0711/788 93 40. Dr. Götze – Land und Karte, Blei-

chenbrücke 9, 20354 Hamburg, Tel. 040 / 348 03 13.

Zu beachten ist, daß in Deutschland bestellte Karten erheblich teurer sind als in Italien und Lieferfristen von mehreren Wochen haben können.

■ Anreise zu den Ausgangspunkten der Touren

Busverbindungen
In Florenz ist das Busnetz hervorragend ausgebaut: Die orangefarbenen ATAF-Stadtbusse fahren die Ortsteile von Florenz in kurzen Abständen an. Zentraler Haltepunkt für alle Busse sind die Straßen um den Bahnhof Santa Maria Novella. Dort erhält man in einem Kiosk auch die Fahrkarten und liegen die Fahrpläne aus, und zwar auf der Ostseite des Bahnhofs, d. h. vor dem (von den Gleisen aus gesehen) linken Seitenausgang.

Beim Fahrkartenkauf wird nicht der Zielort angegeben, sondern die Zeitdauer, für die die Karte gültig sein soll: 60 oder 120 Minuten. Dieser Gültigkeitsbereich beginnt mit dem Abstempeln der Karte im Bus. Innerhalb dieses Zeitraums kann man die Fahrt unterbrechen und umsteigen, so oft man will.

Andere Busgesellschaften fahren von Florenz aus alle größeren Städte der Toskana an. Unverständlicherweise gibt es keinen Busfahrplan, in dem alle Buslinien aufgeführt sind, was bedeutet, daß Auskünfte über die aktuellen Abfahrtszeiten jeweils nur im Büro der zuständigen Busgesellschaft zu bekommen sind. Die Bushaltestellen und -büros befinden sich ebenfalls im Umkreis des Bahnhofs Santa Maria Novella. SITA (Tel. 0 55/21 47 21; unweit des, von den Gleisen aus gesehen, rechten Seitenausgangs des Bhf) fährt vor allem die Städte im Süden und Osten von Florenz an. CAP (Tel. 0 55/21 46 37) und Lazzi (Tel. 0 55/21 51 54), beide unweit des, von den Gleisen aus gesehen, linken Seitenausgangs des Bhf, bedienen die Städte im Norden und Westen von Florenz.

Gut ausgebaut ist auch das Busnetz um Siena, wo sich der zentrale Halteplatz sowie das Auskunftsbüro bei der Kirche San Domenico befinden. Je weiter man jedoch nach Süden kommt, desto spärlicher werden die Buslinien, so daß es hier schwierig ist, die Ausgangspunkte der Touren im Rahmen eines Tagesausflugs anzufahren.

Wer für die Anreise zu den Wanderungen die lokalen Busse benutzen möchte, sollte beachten: Grundsätzlich werden Fahrkarten nicht im Bus verkauft, sondern in der Nähe der Haltestelle in Tabacchi-Läden, Bars oder Zeitungskiosks. Häufig weist eine Aufschrift im Fenster oder an der Tür (*Biglietti*) darauf hin. Im Bus – Einsteigen durch die hintere Tür – wird die Karte an einem Automaten abgestempelt (*convalida*).

Bahnverbindungen
Zwei Hauptstrecken führen von Nord nach Süd durch die Toskana: Von Florenz nach Rom durch das Landesinnere, d.h. über Arezzo, und von Florenz über Pisa nach Rom entlang der Küste. Nebenlinien verbinden Siena mit Empoli, Grosseto und Chiusi und Florenz mit Viareggio.

Das bedeutet, daß von Florenz aus per Bahn alle größeren Städte der Toskana erreichbar sind.

Als Standquartiere für Wanderer, die mit öffentlichen Verkehrsmitteln fahren möchten, empfehlen sich deshalb die Städte Florenz, Empoli, Siena, die sowohl an der Eisenbahn liegen als auch gute Busverbindungen haben.

Fährverbindungen nach Elba
Fährverbindungen zur Insel Elba bestehen zwischen Piombino und Portoferraio, dem Hauptort der Insel. Dauer ca. 1 Std.; Vorbuchung ist, wenn man das Auto mitnehmen möchte, im Sommer dringend anzuraten, obwohl drei Gesellschaften die Strecke bedienen: Toremar (Piazzale Premuda, 13/14, Tel. 05 65 / 3 11 00), Navarma (Piazzale Premuda, 13, Tel. 05 65/22 12 12), elba ferries (Tel. 05 65/22 09 56), alle im Hafen von Piombino. Aufgrund der guten Busverbindungen auf Elba ist ein PKW nicht erforderlich.

■ Unterkünfte

Hotel (Albergo)
Riesig ist die Auswahl der Hotels vor allem im Norden der Toskana im Bereich der großen Städte, weniger sind es im Süden.

Neben modernen Bauten gibt es in den größeren Städten traditionsreiche Hotels mit viel Atmosphäre, oft eingerichtet in alten Villen (Klassifizierung mit Sternen von 1–5).

Hotelverzeichnisse für die einzelnen Provinzen sind in den Informationsbüros erhältlich. Mehr Information bietet ein Hotelführer, z. B. der des Touring Club Italiano, der in Buchhandlungen gekauft werden kann.

Das Preisniveau ist höher als in Deutschland. Frühstück ist im Preis nicht inbegriffen. Da es ohnehin meist nicht sehr reichhaltig ist – Kaffee, Hörnchen, abgepackte Marmelade, Zwieback – empfiehlt sich ein Frühstück in der nächsten Bar. Zimmermädchen erwarten Trinkgeld.

Privatzimmer (Affitacamere)
Zimmer in privaten Häusern werden vor allem in den Touristenzentren angeboten. Der Standard ist sehr unterschiedlich. Informationen erhält man im lokalen Informationsbüro.

Ferien auf dem Bauernhof (Agriturismo)
Immer mehr Land- und Weingüter bieten Zimmer, meist jedoch Appartements in ruhiger Lage abseits der Durchgangsstraßen. Informationen in den lokalen Informationsbüros.

Ferienwohnung und Ferienhaus (Appartamento / Casa per le vacanze)
Wohnungen in typischen toskanischen Dörfern oder in mittelalterlichen Landgütern inmitten von Weinbergen, Landhäuser in Aussichtslage oder gar luxuriöse Villen mit eigenem Schwimmbad – alles wird in großer Zahl angeboten.

Mehrere Agenturen – TUI, Olimar und vor allem der Toskana-Spezialist Solemar – vermieten die Objekte, um deren Buchung durch ein Reisebüro man sich frühzeitig kümmern sollte.

Jugendherberge (JH)
(Ostello per la gioventù)
Jugendherbergen sind vorhanden in Abetone, Cortona, Florenz, Lucca, Marina di Massa e Carrara, Tavernelle Val di Pesa.

Voraussetzung für eine Übernachtung ist ein Internationaler Jugendherbergsausweis, der in Deutschland (DJH-Hauptverband, Bismarckstr. 8, 32756 Detmold) oder vor Ort erworben werden kann. In den Häusern gelten die Regeln des Jugendherbergswerks, d. h. sie sind zwischen 9 und 15.30 Uhr geschlossen.

Frühstück, Mittag- und Abendessen können gebucht werden.

Auskunft: Associazione Italiana Alberghi per la Gioventù, Via Cavour 44, 00184 Roma, Tel. 06/4 87 11 52. Verzeichnis auch beim Italienischen Fremdenverkehrsamt erhältlich.

Campingplatz (Campeggio)
Die meisten der Campingplätze liegen an der Küste. Doch auch in oder bei einigen der großen Städte und Touristenzentren im Landesinnern (Florenz, Siena, Pisa, San Gimignano, Castellina in Chianti) befinden sich Plätze. Schwieriger ist es auf dem Land, wo die Plätze häufig etwas im Abseits angelegt wurden. Die meisten bieten Caravans oder einfache Bungalows zum Mieten an.

Ein Campingplatzverzeichnis ist beim Italienischen Fremdenverkehrsamt erhältlich (Vorausbuchung im Sommer dringend zu empfehlen).

■ Wichtige Adressen

Büro des Staatlichen Italienischen Fremdenverkehrsamts ENIT
- Kaiserstraße 65
  60329 Frankfurt/M.
  Tel. 0 69/23 74 30, Fax 23 28 94.
- Berliner Allee 26
  40212 Düsseldorf
  Tel. 02 11/13 22 32
  Fax 02 11/13 40 94.
- Goethestraße 20
  80336 München
  Tel. 0 89/53 03 60 – 69
  Fax 089/53 45 27.
- Servizio di Promozione Turistica
  Via di Novoli, 26
  I – 50127 Florenz
  Tel. 0 55/4 38 31 11
  Fax 0 55/4 38 30 64.
  Vorwahl Italien (von Deutschland): 0039

Ortsregister

Kursive Ziffern beziehen sich auf Abbildungen, geradestehende auf Textstellen.

Abetone 127
Ansedónia 111, 113
Arezzo 7, 9, 12, 14, 49–51, 126
Arno 7, 16, 29, 33, 46, 47
Artimino 13, 29–31, *30*

Badia a Coltibuono 69, *70*
Baratti 100, *101*, 102
Bibbiena 46, 48
Buiano 47
Buonconvento 82

Campana 60, 62
Carrara 7
Castellina in Chianti 127
Castello di Brólio 72, *73*, 74
Castelnuovo dell'Abate 91
Chiusi 126
Chiusure 80, 82
Collecchio 39
Colline Metallifere 7, 100, 103
Collodi 13, 39, 40, *40*, 41
Comean 29, 30, 31
Cortona 9, 127
Cosa 10, 111, *113*
Crete 7

Elba 7, 8, 101, 114, 116, 117, 126
Empoli 126

Faltognano 33
Fiesole 13, 21, 22, 23, *23*, 24, *24*, 25

Florenz 7, 10, 11, 12, 13, 14, 15, 16–20, *19*, 21, 23, 26–28, *28*, 125, 126, 127

Gaiole in Chianti 68, 71
Galluzzo 26, 27, 28
Greve in Chianti 52, 54, *54*, 55
Grosseto 7, 106, 126

La Madonna 73, 74
Livorno 7
Lucca 7, 9, 14, 42–45, *44*, 127

Madonna del Monte 117, *118*
Marciana Alta 117, 119
Marciana Marina 119
Maremma 7
Marina di Campo 122
Marina di Grosseto 106
Marina di Massa e Carrara 127
Massa 7
Monsummano Alto 35, 36
Monsummano Terme 35, 37
Montalcino 14, 91, 92
Monte Albano 8, 32
Monte Amiata 7, 8, 86
Monte Ceceri 22
Monte Oliveto Maggiore 80, 81, *81*
Montefiralle 53, 54, 55, *55*
Montepulciano 83–85, *84*
Montesiepi 94, 95, *95*
Montevettolini 37
Monti del Chianti 7, 8, 15, 68
Monticchiello 86, 87, 98
Monticiano 93, 96

Panzano 13, 60, 62, 63
Péscia 38, 40, 41
Piazza 63
Pienza 12, 86, 87–98, *88*

Pieve di Panzano 60
Piombino 7, 102, 126
Pisa 7, 14, 126, 127
Pistoia 7, 14
Poppi 47, 48, *48*
Populónia 9, 10, 100, 101, 102
Portoferraio *13*, 116, 119, 122, 126
Prato 7

Radda in Chianti 64, *65*, *66*, 67, 71
Roselle 10

San Felice 72, 74
San Galgano 93, 94, *94*, 95
San Gimignano 12, 56–59, *58*, *59*, 127
San Giusto 65
San Lorenzo 21
San Lucia 33, 34
San Martino 116
San Piero in Campo 120, 122
San Régolo 73, 74
Sant' Antimo 14, 90, 91, 92, *92*
Saturnia 10
Settignano 21, 25
Siena 7, 11, 12, 14, 15, 75–79, *77*, *78*, 125, 127
Sovana 10, 107, 109, 110, *110*
Suvereto 97, 98, *98*, 99

Tavernelle Val di Pesa 127
Torre San Alluccio 33, *33*

Vetulónia 9, 103, 104–106, *105*
Viareggio 7, 126
Villa a Tolli 91
Villa Demidoff 114, 115, *115*, 116
Vinci 32, 34
Volterra 10